Tout Exemplaire non revêtu de la signature de l'Auteur sera réputé contrefait.

Le chevalier

Bar-sur-Aube — Typ. et Lith. JARDEAUX RAY.

HISTOIRE

DE

BAR-SUR-AUBE,

PAR

L. CHEVALIER.

L'œil toujours ouvert de Bar-sur-Aube.
(Dict. de l'Apostolle. XIIIe siècle.)

Ne voudrait estre roy qui serait prévost de
Bar-sur-Aube.
(Adages français. XIIIe siècle.)

ACQUISITION 417[2]

A BAR-SUR-AUBE.

Chez l'Auteur, rue Notre-Dame, n° 37.

—

MDCCCLI.

PRÉFACE.

———✿———

« Pius est Patriæ facta referre labor. »

OVID.

Le Conseil Général de l'Aube, dans une de ses dernières sessions, a, et à juste titre, considéré l'inventaire des Archives communales comme ayant une haute importance historique ; mais combien plus instructif, et plus attrayant surtout, doit être le relevé consciencieux, et par ordre de dates, des archives d'une ville ancienne dont les annales sont riches de faits. C'est l'histoire en détail ; c'est un cartulaire où chacun peut venir relever ses titres de noblesse, car, à part l'amour du pays natal, dont les fastes se dérouleront sous les yeux, chacun ici se verra renaître par les siens, et bien des faits dignes de mémoire échapperont ainsi à l'injure du temps.

Bar-sur-Aube, capitale du Vallage, est une des villes les plus anciennes et les plus importantes de la Champagne, son histoire est remplie de faits curieux et intéressants; c'est ce qui m'a décidé à tenter un essai qui n'était pas sans difficultés, mais la bonne volonté que l'on m'a témoignée et les encouragements que j'ai reçus de toutes parts m'ont soutenu dans mon entreprise.

Les archives de l'Hôpital Saint-Nicolas, celles de l'Hôtel-de-Ville, qui possède de nombreuses richesses qui

auraient besoin d'être mieux coordon-
nées, m'ont été d'un grand secours dans
mes recherches, ainsi que divers manuscrits anciens, et surtout les notes
qui m'ont été communiquées par nombre de personnes studieuses, à qui je
me fais un devoir d'adresser ici mes
remercîments.

Grâce à ce bienveillant concours, 'j'ai
pu, après plus de deux années d'efforts,
mettre à fin mon œuvre. Alors, je me
suis adressé à mes concitoyens, leurs
souscriptions ont répondu à ma voix,
et le succès a dépassé mes espérances.

L'Histoire de Bar-sur-Aube s'étend
depuis les temps les plus reculés jusqu'à nos jours : elle est divisée en
douze chapitres, suivis de la Biographie
des hommes illustres nés dans la ville,
et dont, pour la plupart, les familles

sont encore existantes; de notes et de Pièces justificatives à l'appui du texte, c'est-à-dire Bulles et Brefs de Papes, Ordonnances, Chartes, Lettres Patentes, etc., des Rois de France et des Comtes de Champagne, etc.

Puisse mon travail être favorablement accueilli du public, alors je serai récompensé de tous mes soins, et j'aurai acquitté ma dette envers mon pays d'adoption !

L∴ Chevalier.

HISTOIRE

DE

BAR-SUR-AUBE.

Chapitre Premier.

Coup-d'œil général sur la Ville, sa position, son histoire, son commerce et son industrie; productions du sol; origine et étymologie
du mot *Bar*; administration; foires; fortifications et portes, leur
entretien; garnison; chevaliers de l'Arquebuse; milice bourgeoise;
redevances, cens et droits royaux; propriétés, revenus et droits
de la ville; monuments.

Bar-sur-Aube *(Barrum ad Albam* ou *Albulam,
Segessera, Frumentaria)*, est une petite ville de
4,200 habitants, chef-lieu du 4me arrondissement du département de l'Aube, siége d'un Tribunal de première instance, d'une Justice de Paix,
d'une Inspection et d'une Sous-Inspection des Fo-
rets, d'un bureau de Police, d'une lieutenance de

Gendarmerie ; située dans une plaine riante et fer-
tile, arrosée par plusieurs cours d'eau, au pied de la
montagne de Sainte-Germaine, sur la rive droite de
l'Aube qui, en cet endroit, forme un canal naturel
de 40 mètres de largeur sur 360 de longueur et 2
de profondeur.

Traversée dans toute sa longueur par la route
nationale de Paris à Mulhouse, sa position est des
plus agréables; elle possède deux promenades char-
mantes, *le Jarre* et *Mathaux* : le Jarre, la plus spacieuse, jadis champ de la Fédération, sert maintenant de champ de manœuvre à la garde nationale;
elle est placée sur la grande route et longée par le
ruisseau de la Bresse qui, en cet endroit, se di-
vise en deux bras, dont l'un se perd dans l'Aube
à Bar-sur-Aube et l'autre à Ailleville, après avoir
deux fois traversé la route; Mathaux, plus petite,
mais plus gaie, est baignée dans toute sa longueur
par la rivière d'Aube, et bornée par un ruisseau
affluent. Un boulevart très-fréquenté, planté de
beaux tilleuls et garni de jolis jardins qui ont
remplacé ses fossés pleins d'eau et ses murailles

crénelées, règne autour de la ville ; et le ruisseau de la Dhuy, qui en fait presque entièrement le tour, contribue encore à sa fraîcheur et à son agrément.

Distante de 258 kilomètres sud-est de Paris, 53 est-sud-est de Troyes, et 35 nord-est de Bar-sur-Seine, son enceinte totale est de 1,200 mètres environ.

Ses alentours sont sillonnés de collines couvertes de vignes, de vergers et de forêts, qui offrent des points de vue magnifiques et des paysages charmants : l'air y est sain, le sol varié, l'eau abondante et pure. Dans les environs, on récolte des vins qui sont généralement estimés, des grains qui s'exportent à Gray, à Marseille et à Paris ; les chevaux (il y a dans la ville un dépôt d'étalons), les bestiaux, les fruits, les eaux-de-vie, les laines, les chanvres, les toiles, la verrerie, la poterie, les cuirs, les fers, les tuiles, les pierres à bâtir, les bois à brûler et de construction, sont aussi l'objet d'un grand commerce qui pourrait encore s'augmenter beaucoup si, comme la ville de Paris l'a pendant longtemps sollicité, la navigation de l'Aube était améliorée. Enfin, les croquets de Bar-sur-Aube jouissent d'une grande réputation, et, suivant Savary, il y avait autrefois dans la ville une manufacture de chapeaux très-estimés.

Les bois, les prés et les côteaux voisins offrent aux botanistes une grande quantité de plantes médicinales usuelles ; aux curieux, des grès, des stalactites, des pétrifications, des coquillages ; aux gourmets, de bonnes truffes, du gibier très-recherché à cause de la quantité d'herbes odoriférantes dont il se nourrit ; des bécasses, des grives, des alouettes ; l'Aube leur fournit, en outre, de fort bon poisson, tel que du brochet, de la carpe, du barbeau, de la truite et de l'anguille, et les ruisseaux circonvoisins leur fournissent également de fort belles écrevisses, des canards sauvages, des poules d'eau, etc. « Enfin, bien que Bar-sur-Aube » ne soit pas un pays distingué en agriculture, on a » de tout abondamment, même des fruits agréables » de toute espèce : son chasselas passera toujours » pour un manger délicieux. » (*Vie privée des Français*, tom. 7, f° 7 ; et le *Dictionnaire de Tré-*

voux , au mot CHASSELAS). Il occupe même une place distinguée dans la collection des plants du Luxembourg.

Cette ville, jadis capitale du Vallage (*a*), est une des plus anciennes de la province de Champagne. Son origine est inconnue et se perd dans la nuit des temps, à moins qu'à l'exemple de certains amateurs d'antiquité , on ne veuille attribuer sa fondation à Bardus, cinquième roi imaginaire des Gaulois, qui , suivant eux , lui aurait donné son nom ainsi qu'aux Bardes (*b*) dont, selon Dupleix , il est le père ou le premier ; mais sans remonter aussi loin , nous nous contenterons de dire qu'elle a été fondée par les Celtes , et qu'elle existait déjà du temps de la conquête des Gaules par Jules-César. Lamartinière, dans son *Dictionnaire*, prétend qu'un préfet du Prétoire y a été inhumé.

Autrefois , pour soustraire leurs récoltes et leurs effets les plus précieux aux brigands qui dévastaient le pays, les cultivateurs des environs les renfermaient dans la citadelle de Bar-sur-Aube qui , à cette époque, portait les noms de SEGESSERA (*seges*,

moisson (c), ou FRUMENTARIA (*frumentum*, blé),
qu'elle dut probablement à la fertilité de son territoire ou à ce qu'elle servait d'entrepôt aux Romains.
C'est ce dernier nom qui, devenu en français *Fro-
mence* et défiguré par la tradition, explique l'opinion de certains auteurs qui prétendent qu'une ville
appelée *Florence* a anciennement existé sur le ver-
sant de la montagne de Sainte-Germaine.

Pour son nom actuel, nous croyons qu'il dérive
du mot *Bar*, *Barrum*, qui, en celtique, suivant Expilly, signifiait *port*, et, dans la basse-lati-
nité, *frontière, barrière, lieu fortifié*, double étymologie qui s'explique très-bien par sa position à
l'extrémité du territoire des Lingons (d), sur la
frontière des Tricasses (e), sur une rivière naviga-
ble une partie de l'année et au pied d'une montagne qui la couvre, d'autant plus que la ville a été
bâtie pour arrêter les incursions de l'ennemi, à la
faveur des vastes forêts qui la couvraient. A l'appui
de cette opinion, nous observerons que deux villes
qui portent le nom de *Bar*, Bar-sur-Seine et Bar-le-
Duc, sont situées dans une position semblable, et,

Fiel et ci Manly frè

LES RESTES DE L'ANCIENNE PORTE DE BAR

Bogne Éditeur Libraire à Troyes.   Imp la rue au à Paris

suivant tous les auteurs, cette dernière doit son nom (*Barrum Ducis*) à une *barrière* où l'on percevait un péage au profit du duc de Lorraine.

Dès l'an 584, la ville de Bar-sur-Aube faisait partie de l'évêché de Langres, et formait, avec son territoire, un des six archidiaconés de ce diocèse, celui du Barrois (*f*) qui comprenait les doyennés de Bar-sur-Aube, de Chaumont et de Château-Villain ; les cinq autres étaient ceux de Langres, de Dijon, de Tonnerre, de l'Auxois et du Bassigny. Ce qui, pour tout le diocèse, donnait un total de plus de 800 communes.

Dans un édit du mois d'avril 1777, cette ville est comprise dans les villes du second ordre, et il est dit que les droits de maîtrise y étaient fixés au quart de Paris. Comme preuve de son ancienne importance, nous rapporterons encore les deux vieux dictons populaires que nous avons pris pour épigraphe : le premier, *L'œil toujours ouvert de Bar-sur-Aube*, tiré du *Dictionnaire de l'Apostolle*, signifie que cette ville, alors frontière, était toujours sur ses gardes ; pour le second, *Ne voudrait estre*

roy qui serait prévost de Bar-sur-Aube, nous ignorons son origine, mais enfin on le retrouve dans
un vieux recueil d'*Adages français* du XIII° siècle.

Avant la division de la France en départements,
elle dépendait de la généralité de Châlons et suivait
la coutume de Chaumont; elle était le siége d'une
prévôté royale qui ressortissait du bailliage de Chaumont et avait droit sur 58 paroisses; d'une juridiction de police créée en 1699; d'une élection
composée de 180 paroisses, créée en 1543 par
François 1er. — Un des chefs d'accusation contre
l'infortuné Maréchal de Marillac, en 1630, était
une application à son profit des deniers provenant de l'enchère de l'élection de Bar-sur-Aube
(*Intrigues du cabinet*, tom. 1, pag. 356); — et
d'une administration municipale ayant à sa tête
un maire nommé par le Roi. Il y avait une subdélégation de l'intendance de Champagne qui avait
remplacé le gouvernement militaire (le dernier gouverneur militaire fut M. Dupont de Compiègne
mort en 1787); une subdélégation du prévost des
marchands de la ville de Paris, pour la rivière

d'Aube, dont la juridiction embrassait vingt-quatre lieues, et s'étendait depuis Auberive jusqu'à Arcis ; une direction des aides, un entrepôt de tabac, un grenier à sel qui comprenait 80 paroisses, une direction de la poste aux lettres, une poste aux chevaux, un bureau des messageries, un bureau de contrôle et des insinuations, deux receveurs des impositions royales, et un lieutenant de maréchaussée.

Plus anciennement encore, Bar-sur-Aube fut le siége d'un bailliage dont les appels étaient portés au présidial de Châlons, comme mouvant de la couronne de France, et, avant l'érection de ce présidial, elle ressortissait de Sens, ce qui était fort incommode à cause de l'éloignement.

Ce bailliage, dont plusieurs fois on demanda le rétablissement, avait lui-même succédé à une vicomté sur l'origine de laquelle on ne peut rien dire de bien précis, les historiens et les cartulaires n'en parlant pas avant 1256 ; cependant, on peut supposer qu'elle existait auparavant, car cette dignité était connue dès le temps de Charlemagne :

dans les *Capitulaires*, les vicomtes sont désignés sous
le nom de *vicarii*, *vice-comites*. Les comtes,
qu'ils représentaient, ne se réservant ordinairement
que les affaires de guerre, et ne tenant pour les autres que quatre assises ou audiences par an, celles
de justice, de police et de finances, étaient spécialement de leur ressort. Amovibles dans l'origine, certains revenus leur étaient assignés en paiement,
mais, plus tard, lorsque les comtes se rendirent indépendants, ils s'aggrandirent avec eux et possédèrent en fief les domaines sur lesquels étaient assignés leurs revenus, et ces fiefs, de même que ces
charges, devinrent héréditaires. C'est alors que les
rois leur confièrent une partie de leur autorité, et
que l'administration de la justice leur fut abandon-
née sans réserves.

Ce qui distinguait les vicomtés des grands fiefs et
même des fiefs de dignité, qui ne pouvaient être
possédés que par une seule personne, c'est que non-
seulement elles étaient sujettes à tomber en que-
nouille, ainsi qu'on le remarque à l'égard de celles de Laferté, de Bar-sur-Seine et de Rosnay,

mais elles étaient encore susceptibles de division
dans le partage des successions : ainsi, on sait qu'à
une certaine époque la vicomté de Bar-sur-Aube
était possédée par trois familles différentes , celles
de Thil, de Fontette et de Masteil (*g*). Maintenant,
lequel des co-partageants jouissait des droits attachés
à la charge ? les fonctions étaient-elles ou non di-
visées, et par qui les vicomtes étaient-ils nommés ?
par le gouverneur ou par le souverain ! C'est ce
que l'histoire nous laisse ignorer. Mais ce que nous
savons , c'est qu'au commencement du treizième
siècle, les comtes s'étant donné des baillis, les vicomtes se trouvèrent sans fonctions, et que, dès-
lors, les comtes s'appliquèrent à racheter leurs charges à prix d'argent.

L'administration municipale était composée d'un
maire , de deux échevins, un procureur-syndic ,
un secrétaire-greffier, un receveur (ces trois derniers n'avaient pas voix délibérative dans les assemblées), et de dix notables choisis dans les diverses
corporations (*h*).

Avant la révolution, le maire de Bar-sur-Aube

était nommé par le roi qui le choisissait entre trois candidats qui lui étaient présentés ; et, d'après l'article 52 de l'arrêt de 1706, le maire sortant continuait à faire partie du bureau, prenait place auprès du maire en exercice et votait immédiatement après lui. Les échevins, pris parmi les notables, étaient nommés par la ville, pour deux ans, et les autres officiers municipaux pour six ans : ils étaient renouvelés par moitié, et les élections avaient lieu le 1ᵉʳ décembre de chaque année.

Pour être admis aux fonctions municipales, il fallait avoir 25 ans révolus , être né à Bar-sur-Aube ou y résider depuis dix ans sans interruption.

Tous les membres du corps de ville étaient exempts de taille et de logement de gens de guerre, excepté en cas de foule ou lors du passage de la maison du roi qui *logeait à la craie*, c'est-à-dire choisissait ses logements.

Les foires franches de Bar-sur-Aube jouissaient autrefois d'une grande réputation ; elles duraient soixante-dix jours et amenaient dans le pays un grand concours de marchands étrangers attirés par la beauté du site et l'importance du commerce, et dont les quartiers furent appelés, du nom de ceux qui les habitaient, Halles d'Ypres, de Cambrai, de Provins, d'Orange; Places des Espagnols, des Juifs; Marchés de Lorraine, des Allemands, etc. Certains de ces noms, portés encore de nos jours par des contrées situées sur la rive gauche de l'Aube, indiquent probablement que quelques-uns de ces marchands y étaient déballés.

Le fief de Heaume, situé près de la halle d'Orange, et remarquable par sa belle tournelle, dont une partie existe encore dans la maison de M. Adam bâtie, ainsi que les maisons voisines, sur son emplacement, avait droit d'étalage, pendant la foire, sous les Halles ou Avant-Ponts, et la maison des sieurs Odelin (Foissy), qui en dépendait, jouissait de ce même droit pendant toute l'année.

Cette foire, fondée en 1231, par Thibaut IV, comte de Champagne, fut supprimée par Louis XIII, en 1636; et présentement, à Bar-sur-Aube, il y a deux foires par an, la veille du dimanche des

Rameaux et le 29 août, et, chaque samedi, un marché le plus considérable de tous les environs.

Les fortifications de Bar-sur-Aube furent démolies sous Louis XIV, en 1682, lorsque, devenu souverain de l'Alsace et de la Franche-Comté, la Champagne cessa d'être la frontière du royaume, et cinq pièces de canon et un fauconneau, qui garnissaient cette place, furent enlevés par ses ordres et transportés dans la citadelle de Besançon. On ne laissa dans la ville que deux canons démontés dont, en 1789, on voyait encore un au-dessus de la porte Notre-Dame. Les habitants furent désarmés en 1719, par ordre du roi, et leurs fusils déposés à l'hôtel-de-ville par un lieutenant de robe-courte. Le gouvernement continua cependant d'être militaire jusque vers la fin du règne de Louis XV. Alors, ainsi que nous l'avons dit plus haut, le gouverneur fut remplacé pour un subdélégué de l'intendance de Champagne; mais, bientôt après, la ville, qui payait à cet officier 200 livres par an pour son logement, refusa de les payer au subdé-

ANCIENNE PORTE ET LES RUINES DU CHÂTEAU

légué , parce que , suivant elle, ce droit n'était dû
qu'aux militaires (i). Nous ignorons ce qui fut décidé.

Ces fortifications consistaient en fossés profonds
remplis d'eau, maintenant comblés et convertis en
jardins qui furent vendus en détail en 1813 ; en
ponts-levis ; en remparts formés avec les terres provenant des fossés, maintenant abattus et couverts de
maisons ; et en murailles flanquées de vingt-quatre
tours ayant chacune dix-huit pieds de diamètre, et
dont quatre subsistent encore, l'une dans le jardin
de M. Garnier, l'autre chez M. Maupas, et les deux
autres formant passage derrière l'église Saint-
Maclou.

Dans l'origine , ces murailles furent percées de
quatre portes, celles de Notre-Dame et de Saint-
Michel, à l'extrémité des rues de ce nom ; celle du
Châlelet, dans la rue d'Aube, que la ville fit murer
dans des temps de troubles, et celle des Allemands,
dans la rue Neuve, qui fut également murée, pour
diminuer le nombre des gardiens.

Ces quatre portes furent démolies à l'époque de la

révolution. Celle de Notre-Dame fut reportée auprès du Jarre, et remplacée par deux piliers en
pierres de taille, flanqués de petites portes pour les
gens de pied; celle de Saint-Michel fut, de même,
remplacée par des piliers et des portes de côté placés dans l'endroit qu'elle occupait avant sa démolition; et deux piliers, construits en tête du pont
d'Aube, remplacèrent la porte du Châtelet, mais ils
furent démolis peu après leur construction.

La porte Notre-Dame fut abattue en 1840, et la
porte Saint-Michel en 1845.

En 1648, permission fut accordée par la ville aux
R. P. Cordeliers, qui auparavant ne pouvaient entrer dans la ville qu'en faisant un long détour, de
faire ouvrir une poterne dans les murs d'enceinte, à
la charge par eux d'entretenir le pont-levis, et avec
faculté aux habitants de la faire fermer en cas de
guerre; on l'appela *Poterne* ou *Petit-Pont des Cordeliers*. Mais, après quelques années, ils l'abandonnèrent pour se décharger des frais d'entretien;
néanmoins, elle fut conservée pour sa facilité d'a-
border aux vignes, seulement, pour prévenir les

fraudes, on la fermait le soir, aux approches de la vendange.

Comme les pompes, présent fait à la ville, en 1665, par M. Collet, les jarles, les seaux, et tous les ustensiles nécessaires en cas d'incendie, étaient renfermés dans les deux tours près de l'église Saint-Maclou, en 1776, sur les réclamations réitérées des habitants du quartier qui observaient que, lorsque les puits étaient taris, on était obligé de courir au loin chercher de l'eau dont on était tout proche, et malgré la vive opposition des chanoines qui prétendaient que le passage continuel troublerait leurs offices, et celle des aides qui craignaient que par là on ne fît la fraude, une cinquième porte fut ouverte entre ces deux tours, l'abbé Bablot ayant consenti à livrer un passage dans son jardin ; seulement, pour arrêter les fraudeurs, on n'ouvrit qu'un guichet très-bas et garni d'un tourniquet, ce qui, tout en obligeant les passants à se courber beaucoup, ne les empêchait nullement d'aller acheter de la viande à Proverville.

Depuis la donation de Charles V, en 1360, l'entretien des murs et des fossés était à la charge de la ville qui, pour diminuer ses frais, avait concédé à divers particuliers, moyennant un cens, les murs au-devant de leurs maisons et les dix pieds en dedans, à la charge par eux de les réparer dans l'étendue qu'ils occupaient. Conditions qu'ils n'étaient pas toujours très-exacts à remplir, à en juger par une ordonnance du 5 novembre 1739, du prince de Soubise, alors gouverneur de Champagne, enjoignant aux concessionnaires de réparer leurs murs et de les tenir en bon état.

Les portes et les tours s'adjugeaient à l'enchère, et les adjudicataires ou portiers étaient tenus de tenir les portes propres, de les ouvrir à quatre heures du matin en été et de les fermer à dix du soir ; et en hiver, de les ouvrir à six et de les fermer à huit. Passées ces heures, nul ne pouvait entrer ou sortir, excepté les courriers et les postillons à qui ils devaient passage quand ils se présentaient, sous peine d'être responsables des suites, et en récompense, suivant un usage immémorial, ils percevaient un droit d'entrée sur le bois de chauffage : une bûche par chaque voiture de gros bois, deux par charriot, et deux bâtons de charbonnette par charrette; des barraques étaient construites en dehors pour percevoir les droits d'entrée (*j*).

Si ces fortifications ne permettaient pas à la ville de soutenir un long siége, au moins suffisaient-elles pour la mettre à l'abri d'un coup de main, et sa vigilance était devenue proverbiale, car, au treizième siècle, époque où elle était voisine de la frontière, on disait : « *L'œil toujours ouvert de Bar-sur-Aube.*

Les clefs des portes de la ville étaient remises au gouverneur, et en son absence déposées entre les mains du maire.

La garnison de Bar-sur-Aube se composait de deux compagnies de bourgeoisie, l'Arquebuse et la Milice bourgeoise. L'Arquebuse était la première; elle avait été instituée en 1610, par lettres patentes de Henri IV, confirmées par Louis XIII et par Louis XV, en 1685 et 1725. Tous les ans, le lendemain de la fête de la Pentecôte, ses membres, appelés *Chevaliers de l'Arquebuse*, en armes, drapeau en

tête et tambours battants, se rendaient à l'hôtel-
de-ville, à deux heures après midi, pour y faire la
présentation de *l'oiseau* ou *papegay;* alors les officiers municipaux se transportaient, avec eux, à
leur hôtel, maintenant appelé les *Buttes* et où se
réunissent les Francs-Maçons, puis, l'oiseau placé
sur la perche, le maire tirait le premier coup et se
retirait ensuite avec le corps municipal, en laissant
deux commissaires pour surveiller le tirage. Celui qui jetait bas l'oiseau prenait le titre de *Roi*
et jouissait, pendant un an, de l'exemption de toutes
tailles, capitation, droits sur les vins, et autres charges de ville, qui étaient réparties sur le reste des
habitants, sans diminution des droits du roi; et
l'*Empereur*, c'est-à-dire celui qui l'avait abattu
pendant trois années consécutives, jouissait du
même droit, sa vie durant, et sa veuve, après lui,
tant que durait son veuvage.

Les chevaliers de Bar-sur-Aube faisaient partie
des compagnies de la Champagne, et la ville n'en-
trait pour rien dans aucuns de leurs frais. En 1683,
ils ont rendu, avec la permission du roi, le prix

général qui se tirait tous les dix-sept ans dans les
principales villes, comme ayant gagné le bouquet
à Chauny, et, en 1683 ils ont gagné le prix à Nogent-sur-Seine.

En 1792, le drapeau de l'Arquebuse, dont le
sieur Torcy était alors capitaine, fut, conformément
à la loi, appendu à la voûte de l'église Saint-Maclou.

La Milice bourgeoise formait la deuxième compagnie. Dans les cérémonies publiques, l'Arquebuse
marchait avant elle, et, dans les marches, il devait
y avoir entre elles un intervalle de six pas : une
année même, en l'absence des cavaliers de la maréchaussée, qui avaient le privilége d'accompagner
l'image de la Sainte-Vierge aux processions, elle
voulut lui disputer l'honneur de la remplacer, mais
une délibération du 10 août 1778 leur enleva
encore cette satisfaction. Cependant, les officiers
de l'Arquebuse, non plus que ceux de la Milice ,
n'étaient point exempts du logement des gens de
guerre ni du tirage au sort, quoique, jusqu'à la
décision ministérielle de 1766, il eussent prétendu
avoir droit à cette exemption.

La place de capitaine-commandant la Milice avait
été érigée par le roi en titre d'office, et le drapeau
devait être déposé dans sa maison. Cet office fut
acquis successivement par les sieurs Girardon, Merger et Perrin.

Les chevaliers de l'Arquebuse nommaient eux-
mêmes leurs chefs qui devaient ensuite être confirmés par le gouverneur de Champagne ; ceux de
la Milice bourgeoise étaient nommés par la ville,
tous les trois ans, sur l'avis des autres officiers de
bourgeoisie qui étaient alors admis à voter avec
eux ; et, en l'absence du gouverneur ou de ses
lieutenants, le commandement appartenait de droit
aux officiers municipaux qui étaient colonels nés
des deux compagnies.

Ces sociétés, garde nationale de l'époque, a-
vaient été instituées dans toutes les villes frontiè-
res, pour maintenir les populations en cas de troubles et pour exercer la jeunesse aux armes.

Le comté de Bar-sur-Aube fut réuni à la couronne de France en 1274, avec le reste de la Champagne, par le mariage de Jeanne de Navarre, sei-

zième et dernière comtesse de Champagne, avec
Philippe IV dit le Bel, et, jusqu'à l'époque de la
Révolution, la seigneurie de Bar-sur-Aube a appartenu au roi, envers qui les habitants de la ville,
ainsi que ceux des fiefs mouvant de son ancien château de Bar, étaient tenus de certaines redevances
annuelles; et, fiers de l'honneur de relever du roi
seul, les Bar-sur-Aubois, toujours fidèles, ont mon-
tré en maintes circonstances, que nous développe-
rons par la suite, le prix qu'ils attachaient à cette
prérogative.

Les redevances dues au roi étaient :

1° Droit de gîte de chiens payable, chaque année,
le jour de la Nativité de Notre-Dame : par la paroisse de Cesfonds, 4 livres 6 sous; — d'Arconville,
5 livres 5 sous ; — de Beurville, 6 livres 6 sous
3 deniers, et de Buchez, 3 livres 6 sous.— Total :
16 livres 3 sous 3 deniers.

En sa qualité de seigneur de Bar-sur-Aube, le
roi pouvait encore adjuger les chasses , et les amen-
des lui appartenaient.

2° Droit de péage (passage) et rouage (voiture)
dans les ville et territoire de Bar-sur-Aube.

Il se percevait aussi un péage, la veille et le jour des foires : celui de la foire des Rameaux était perçu par le péager du roi ; — celui de la foire d'août appartenait à la ville, qui l'affermait moyennant environ 30 livres par an et en abandonnait le prix aux sergents, ce qui, avec leurs exemptions de tailles, de corvées, etc., leur tenait lieu de gages.

Il consistait dans la perception de 4 sous par charriot, 2 sous par voiture, et 1 sou par bête de somme chargée qui entraient dans la ville.

Suivant un arrêté du 26 août 1733, les habitants de Bar-sur-Aube étaient exempts de ce droit qui, dans l'origine, avait été établi pour dédommager les seigneurs des frais de construction et d'entretien des ponts et des chemins.

3° Droit de la Halle d'Orange.

4° Droit de jurée, de bourgeoisie ou de feu, payable chaque année au jour de St-André, tant par les habitants des ville et faubourgs de Bar-sur-Aube que par ceux des villages de Montier-en-Isle, Ailleville, Fresnay, Colombey-la-Fosse, Fontaine, Urville, Couvignon, Fravaux, Bergères,

Thors-aux-Bois et Maisons, à raison de 12 deniers d'argent par chaque ménage ou feu, et moitié par veuf ou veuve tenant demi-ménage ou demi-feu.

Cette imposition avait été établie par Charlemagne, en 772, pour la paye des troupes, et elle était devenue très-légère, en raison de la valeur bien différente des monnaies, aussi a-t-on bien augmenté les impôts.

5° Droit de four.

Ce droit fut acheté, en 1688, par les boulangers qui, en échange, payaient une rente sous le nom de *Droit d'Etaux*.

On voit, dans les notes trouvées au sommier N° 1 du bureau des Domaines, concernant les cens et droits royaux, qu'avant 1688 les boulangers et pâtissiers de la ville étaient obligés de vendre leurs produits sur la place du marché, en payant une redevance au roi, mais que, pour s'en affranchir et avoir le droit de vendre dans leurs boutiques, ils se soumirent à payer annuellement chacun trente sous à S. M., ce qui fut accepté en son nom par les commissaires du Conseil, le 24 avril 1688, lors de

l'engagement des biens du domaine de Bar-sur-
Aube dont ce droit faisait partie. C'est à dater de
cette époque seulement qu'il leur fut permis d'avoir
des fours chez eux, vu que le roi avait alors cinq
fours bannaux : celui de la porte d'Aube, de Mont-
pellier, de la Magdeleine, d'Erée, et celui de la
porte Saint-Michel dont les bâtiments furent vendus
à des particuliers.

Le moulin des Gravières ou d'En-Bas et le tiers
de celui de Marcasselles ou d'En-Haut faisaient
encore partie du domaine du roi qui, en 1687, les
avait aliénès à des particuliers à perpétuité,
moyennant une rente annuelle ; le prieur de Sainte-
Germaine était propriétaire des deux autres tiers
du moulin de Marcasselles.

Les autres moulins situés près de Bar-sur-
Aube appartenaient, ceux de Fontaine et de la
Folie, à des seigneurs, et celui de la Dhuy, qui
n'existe plus, dépendait de l'hôpital Saint-Nicolas.

Comme seigneur de Bar-sur-Aube, le roi avait
aussi la propriété de la rivière d'Aube, et même,
avant la construction du pont de Dolancourt, en

1692, le pont était à sa charge, comme formant
la communication de la route de Paris : à cette
époque seulement, il fut rayé de l'état du roi et
laissé à la charge de la ville en très-mauvais état ;
mais les habitants, par une longue possession,
avaient droit de pêche sur tout leur territoire,
avant qu'ils n'en eussent aliéné la moitié au seigneur de Fontaine, pour se libérer de la donation
faite par Charles VII, en 1435, de leur ville à Jac-
que de Croï, et pour suffire aux dépenses nécessaires à l'entretien des troupes et des fortifications.

Le cours d'eau de la Bresse appartenait au seigneur de Courcelles jusqu'au pont du Jarre.

La propriété de l'île des Gravières fut longtemps
contestée à la ville, mais une sentence du bailli de
Chaumont rendue, vers 1660, contre une dame de
Nevers, de Jaucourt et de Proverville, confirmée,
en 1731, par un arrêt du bureau des finances de
Champagne, la maintint en possession de cette île
qui fut vendue en 1813, et dans laquelle les habitants de Proverville avaient un droit de parcours
qui fut aboli par un édit de 1769.

Elle était encore propriétaire de terres et de prés situés près d'Ailleville; de roises, à l'extrémité de la rue d'Arsonval, et de quelques autres petits terrains.

Avant la Révolution, les revenus de la ville, dont le roi percevait annuellement le vingtième, consistaient en revenus patrimoniaux et deniers d'octrois municipaux.

Ses revenus patrimoniaux étaient le produit de l'adjudication à l'enchère de ses terres et de ses prés, de la pêche de la rivière d'Aube, de l'herbe des Gravières et du Jarre, des Roises, des jardins pratiqués dans les fossés, des prisons, des tours et des portes de la ville; pour les boues, ce n'est que depuis 1772 qu'elle s'en fait un revenu, auparavant elle payait un boueur pour en faire l'enlèvement.

Ses deniers d'octrois provenaient de ses droits de *Courtepinte* sur les vins vendus en détail, dans la ville et dans les faubourgs, et de *Gourmétage* sur les vins vendus en gros (*k*).

La moitié du droit de courtepinte appartenait

au roi, mais jusqu'à l'ordonnance de 1681, la ville avait joui de la totalité : l'adjudication s'en faisait tous les six ans, à l'hôtel-de-ville, par-devant un trésorier de France.

Le droit de gourmétage tire son origine de l'usage où étaient anciennement les communautés et les seigneurs des campagnes d'avoir des courtiers pour vendre leurs vins et jauger leurs tonneaux.

En 1666 (le 24 mai), la ville de Bar-sur-Aube fit acquisition de l'office de courtier-jaugeur qui avait été créé par Louis XIII en 1620. Mais ces offices ayant été supprimés et rétablis à diverses reprises, la province de Champagne, dans l'intérêt de son commerce, acheta en 1705, moyennant 80,000 livres, le droit de choisir elle-même ses gourmets.

Le gourmétage était le droit exclusif de conduire les marchands forains dans les caves, de déguster les vins, et de s'assurer si les tonneaux contenaient la jauge *gros-bar*, c'est-à-dire 30 setiers ou 240 pintes ; les gourmets percevaient des acheteurs 5, 7, et plus tard 8 sous par muid de vin vendu en gros et sur les eaux-de-vie , à la charge par eux de payer à la ville la somme portée dans leur bail, et de donner caution; car ils étaient responsables du prix envers les propriétaires et de la qualité envers les acquéreurs.

Depuis longtemps ce droit n'existe plus, et cependant, sur toutes les enseignes des tonneliers et des marchands de vin , on lit encore le mot *gourmet*, placé là comme synonyme de courtier en vins et de connaisseur.

Pour les grains, il existait, en outre, deux charges de mesureurs créées par édit du roi Charles IX, au mois de janvier 1569 , et rendues héréditaires, par édit de 1620, au droit de deux deniers par chaque boisseau de blé et un denier par boisseau d'autres grains.

En 1775, le droit de mesurage fut porté à trois deniers; il était à la charge du vendeur , et se payait à l'abonnataire des droits royaux.

La ville de Bar-sur-Aube, à cette même époque, renfermait trois paroisses: *Saint-Pierre, Saint-Maclou* et *Sainte-Marie-Madeleine*. Il y avait, en outre, le prieuré de *Sainte-Germaine* ou *Petite-Sainte-Germaine*, la chapelle de *Saint-Jean* (ordre de Malte), trois couvents : un de *Cordeliers*, un de *Capucins Irlandais* et un d'*Ursulines* ; la *chapelle du Pont d'Aube*, une *Maladrerie*, et les deux hôpitaux du *Saint-Esprit* et de *Saint-Nicolas*. Les juifs même autrefois y avaient une *Synagogue* située rue du *Poids* ; et, dans les environs, on trouve encore beaucoup de vestiges de chapelles, de communautés religieuses, des croix, etc., qui témoignent de la piété de nos bons aïeux.

De tous ces monuments, la plupart assez remarquables, il ne reste plus que les deux églises Saint-Pierre et Saint-Maclou, l'hôpital Saint-Nicolas, et les chapelles Saint-Jean et du Pont d'Aube. On y voit encore une prison fort belle, si toutefois il y a de belles prisons, et une jolie salle de spectacle. Dans une description succincte nous allons faire connaître les uns et les autres à nos lecteurs.

Chapitre Deux.

Description des Monuments de la ville : églises Saint-Pierre, Saint-Maclou, Sainte-Marie-Magdeleine ; chapelle Saint-Jean.

SAINT-PIERRE.

Cette église, monument respectable de la piété des anciens comtes de Champagne, est la plus considérable de la ville, dont elle était, dans l'origine, la seule paroisse, et son curé le seul décimateur ; elle date du XIe ou du XIIe siècle. Son vaisseau est vaste et beau ; il se compose de la nef, du chœur, de deux collatéraux ou basses-voûtes contournant la nef et le derrière du chœur, avec plusieurs chapelles de confréries à l'entour. De même que les anciens cloîtres, elle est entourée extérieurement, du midi au couchant, par une galerie couverte, d'un aspect assez désagréable, vulgairement appelée le *Halloy*, nécessitée par l'exhaussement du pavé de la ville qui est de 70 centimètres plus élevé, et où étaient autrefois déposés les crocs et les échelles à incendie.

Elle est bâtie sur l'emplacement d'une église beaucoup plus ancienne, et ce qui le prouve c'est son enfoncement dans le sol à près de deux mètres du niveau de cette même galerie.

Il est à remarquer que les plus anciennes églises, comme Saint-Germain d'Auxerre, l'église de Rosnay, etc., étaient des cryptes, à l'imitation des catacombes de Rome.

La porte principale, qui forme un porche avancé, est soutenue par des colonnettes cintrées ; au dessus est une rose à huit feuilles, et le portail est terminé par un pignon autrefois surmonté d'une croix. Tout le chœur et les transceps sont voûtés en planches, la voûte en pierres étant tombée en 1697, faute d'entretien, et au-dessus des arcades

de la nef régnait autrefois une galerie murée maintenant pour cause de solidité.

La porte latérale nord est un large plein-cintre orné d'un cordon, elle communiquait aux logements des Bénédictins de Saint-Claude qui, dans
l'origine, desservaient cette paroisse, et à l'extrémité du transceps, du même côté, on voit encore
une fenêtre plein-cintre, maintenant condamnée,
qui, au moyen d'un escalier en bois, leur servait
d'entrée pour leurs offices de nuit.

Dans l'épaisseur du mur, sous la première travée
à gauche, est incrustée la mesure-matrice des grains
de Bar-sur-Aube, avec cette inscription :

𝕳𝖎𝖈 𝖆𝖇 𝖆𝖓𝖙𝖎𝖖𝖚𝖔 𝖎𝖚𝖘𝖙𝖆𝖒 𝖋𝖗𝖚𝖒𝖊𝖓𝖙𝖔𝖗𝖚𝖒 𝖒𝖊𝖓𝖘𝖚𝖗𝖆𝖒
𝖈𝖎𝖛𝖊𝖘 𝕭𝖆𝖗𝖗𝖎 𝖉𝖊𝖕𝖔𝖘𝖚𝖊𝖗𝖚𝖓𝖙.

De même, chez les Romains, on avait coutume
de mettre dans les temples les originaux de toutes
les mesures ; c'est ce que l'Écriture appelle *le Poids
du Sanctuaire*, pour marquer l'exactitude et la
rigueur de la justice.

Avant l'adoption générale des mesures nouvelles,

on se servait, dans les marchés, d'un boisseau du poids de 24 à 25 livres en froment raclé, ajusté par proportions géométriques sur cette mesure-matrice qui contient, dans œuvre, 30 pintes et pèse environ 50 livres.

Du même côté, sous la quatrième travée, on remarque la chapelle de Saint-Paul, l'un des patrons des vignerons, où sont sculptés des pampres chargés de raisins, des serpettes, et un instrument en forme de fer de lance recourbé, appelé *fosseur*, et qui, dans le pays, sert à cultiver la vigne.

A droite, près de la porte du clocher, est un Dieu de Pitié, d'un très-beau travail, qui autrefois décorait l'église de la Magdeleine.

Un parquet posé depuis plusieurs années prive les curieux de la vue des seules tombes remarquables que renferme cette église : celles de Notcher, II° comte, et de Mathilde, épouse de Simon, IV° comte de Bar-sur-Aube, placées dans la chapelle qui termine le collatéral à droite du chœur.

Le pavé a été entièrement renouvelé par suite des dévastations de 1793.

Au-dessus de la grande porte d'entrée, sur une vaste tribune construite à cet effet, s'élève un superbe buffet d'orgues acheté en 1845. Il est impossible de rien voir de plus élégant : le positif est surmonté d'une corbeille de fleurs d'un effet charmant, et de chaque côté sont deux anges qui paraissent chanter ; sur les tourelles du grand orgue sont posés deux vases de fleurs sculptées avec tant de délicatesse qu'on les croirait naturelles, et au milieu s'élève un ange de deux mètres de hauteur, écoutant avec attention , prêt à décerner au plus digne la palme et la couronne qu'il tient dans ses mains.

C'est aux soins de M. l'abbé Thiesson (de Troyes) que l'on doit ce bel instrument qui auparavant décorait l'abbaye de Remiremont (Vosges), et auquel M. Lété, célèbre facteur d'orgues, a appliqué tous les procédés nouveaux que les progrès de la science ont fait découvrir.

Voici le jugement porté sur cette église par M. Fléchey, conservateur des monuments historiques, dans un Rapport au préfet de l'Aube, du 20 août 1848.

« L'église Saint-Pierre, d'architecture romane,
» peut être considérée comme une des plus remar-
» quables de cette époque qui remonte au XI° ou
» XII° siècle. La disposition du plan et la beauté
» des détails peuvent la faire entrer en comparai-
» son avec nos plus belles basiliques.

» L'étendue de l'édifice, la libre circulation in-
» térieure, la belle disposition des chapelles; la di-
» versité des chapiteaux qui la décorent, jointe à la
» finesse de leur exécution; l'élégance des petites
» galeries au-dessus des arcs des basses-nefs; tout
» y est digne de remarque.

» Quant à la partie extérieure, les faces des
» murs qui ont été détériorés par le temps...., la
» mauvaise direction donnée aux réparations,
» ôtent à cet édifice le cachet qui lui était propre
» dans l'origine de sa construction. »

Supprimée en 1793, par un décret de l'Assemblée
Constituante, cette église n'échappa à la destruction
qu'en devenant un magasin à fourrages; rendue au
culte sous le Directoire, en 1796 elle fut envahie
par les Théophilantropes, et lorsqu'elle fut définiti-

vement rendue à sa destination, elle était dans un
tel état de délabrement que les paroissiens dépen-
sèrent 10,000 francs pour la rétablir, et firent
l'acquisition du maître-autel en marbre de l'abbaye
de Clairvaux, pour remplacer son bel autel en bois
sculpté, ouvrage du célèbre Bouchardon, dont le
rétable orne maintenant l'église Saint-Maclou.

En 1814, elle éprouva de nouveaux malheurs.
Convertie en ambulance, les blessés brûlèrent les
chapelles, les bancs, les chaises, le banc d'œuvre,
la chaire, les stalles, enfin tout ce qui était en bois;
et les paroissiens furent obligés à de nouveaux sacrifices pour la rétablir dans l'état où elle est aujourd'hui.

L'ancien clocher de Saint-Pierre était remarquable. Au-dessus d'une tour d'une belle proportion
était un dôme construit avec goût, sur lequel on
voyait les douze apôtres, distingués par leurs attributs, entourant la base d'une flèche triangulaire
admirable par sa hardiesse et ses bas-reliefs en
plomb. Ayant été incendié par le feu du ciel en
1617, et les cloches, au nombre de sept, dont l'une

du poids d'un mille et l'autre de 900, fondues et le
métal perdu, il fut rétabli en 1619 ; brûlé une seconde fois en 1722, les marguilliers obtinrent du
bureau des finances de Champagne une ordonnance
qui leur permit de se servir des pierres provenant
des ruines et fondations du grand pont qui était autrefois en face la porte du château, et de les
employer à la reconstruction de la tour actuelle du
clocher de leur paroisse.

Cette tour, qui est carrée, n'a jamais été terminée ; elle est appuyée de deux contreforts aux
angles et surmontée d'un clocher en bois, composé de deux dômes octogones superposés, et dont
les angles sont percés de fenêtres ogivales ornées
de colonnettes et de cordons. Ce clocher, terminé
par une flèche de 190 pieds de hauteur, est un
beau morceau d'architecture ; il est d'une forme
agréable et bien proportionné dans toutes ses parties. Il a été construit par les sieurs Marisy, père
et fils, charpentiers à Vitry-le-Français, dont les
noms sont écrits sur la principale pièce de bois du
grand dôme qui portait le montant des grosses clo-

ches, avant que les marguilliers les eussent fait
fondre en 1784.

La paroisse Saint-Pierre est desservie par un
curé qui portait et porte encore le titre de Doyen (l),
et par deux vicaires, dont l'un dessert l'hôpital,
l'autre la commune d'Ailleville, et est, en outre,
aumônier des prisons où il a son logement.

Comme paroisse principale, elle avait autrefois
le privilége des publications et des affiches.

SAINT-MACLOU.

Une charte de 1075 et d'anciens titres constatent
que, dans son origine, l'église Saint-Maclou
n'était qu'une chapelle collégiale qui a été aggran-
die depuis. Elle est bâtie sur l'emplacement du
château des comtes de Bar-sur-Aube, dont la tour
du clocher formait autrefois l'entrée principale ; on
voit même encore sous la voûte les gonds énormes
qui portaient les battants des portes et les rainures
par lesquelles la herse de fer se levait ou s'abaissait
à volonté.

Le château ayant été démoli, cette tour fut conservée par le chapitre qui en fit un clocher par l'ad-
dition du toit pyramidal couvert en ardoises que
nous y voyons maintenant ; un escalier, qui conduit
aux étages supérieurs et sur les basses-voûtes, existe
entre elle et l'église dont elle est assez rapprochée
pour servir de porche à la porte du nord.

Au-dessus de la nef est un second clocher, de
forme octogone, petit et peu curieux.

Cette église est petite et manque d'harmonie dans
son ensemble; ses différentes parties datent de trois
époques bien distinctes. Elle se compose d'une nef
principale et d'une basse-nef formée jusqu'au transceps de trois rangs d'arcades, d'un chœur avec
chapelles latérales dans le prolongement des bas-
côtés, à la suite d'un sanctuaire à cinq pans qui
est du XVI⁰ siècle ; sur les côtés des chapelles il
existe plusieurs annexes d'époque de Renaissance ;
le beffroi et une ancienne chapelle y attenant sont
du style roman.

A l'intérieur, les murs qui supportent les voûtes
sont décorés, au-dessus des cintres, au droit de

chaque travée, par cinq rangs d'arcades engagées , . et au-dessus ils sont percés de petites lancettes ou croisées, accouplées dans certains endroits, destinées à éclairer l'édifice.

Les nervures et les arcs-doubleaux sont en partie déformés par suite de poussées qui ont été exercées, mais qui ensuite ont été maintenues par des arcs-boutants établis extérieurement, au droit de chaque arc-doubleau.

Son portail principal, rebâti au commencement du XVIIIe siècle, par les soins du chanoine *Méchin*, témoigne du mauvais goût de l'époque ; cependant il offre, ainsi que l'intérieur de l'édifice et les portes latérales, des détails de sculpture assez agréables. Mais ce que les curieux voient avec un véritable plaisir, c'est la grille du chœur, qui provient de l'abbaye de Clairvaux , et les siéges en bois sculpté qui l'entourent; l'escalier à noyau qui conduit au buffet d'orgues, et particulièrement le maître-autel, ouvrage du célèbre Bouchardon en 1745.

Ce curieux morceau de sculpture en bois, supé-
rieurement doré, décorait primitivement l'église
Saint-Pierre. Il était placé au milieu du sanctuaire
et construit de manière à pouvoir aisément tourner
à l'entour ; au-dessus régnait un socle à hauteur
de gradin, sur lequel posaient six colonnes corin-
thiennes ; son entablement, surmonté d'un immense
baldaquin, était accompagné d'un ange de chaque
côté, et fixé à l'extrémité par des chérubins enlacés
de feuilles d'acanthe qui portaient un globe surmonté d'une croix. A droite et à gauche, entre le
fût des colonnes, près du tabernacle, riche par ses
sculptures, étaient saint Pierre et saint Paul, avec
leurs attributs, figures de deux pieds de haut, d'un
dessin très-correct, pleines de noblesse et de gravité
et remarquables par la grâce et la légèreté des dra-
peries. On n'a sauvé que le rétable. Le surplus
avait été brûlé, en 1793, par des prisonniers en-
fermés dans l'église de la Magdeleine, où il avait été
déposé. Arraché, par M. Joffroy, au feu qui en
avait détruit une partie, il fut, lors de l'ouverture
des églises, rétabli *en petit* et placé dans l'église de

Saint-Maclou qui fut la première rendue au culte, pour remplacer son grand autel en marbre de couleur qui avait été brisé.

A l'entrée de l'église, à droite, on remarque aussi un calvaire en rocailles surmonté d'une *Descente de Croix* d'un assez bon effet , mais entouré de statues du plus mauvais goût.

Autrefois, dans une des chapelles, il y avait un Père Éternel en pierre, de deux à trois pieds de hauteur, assis dans un fauteuil, une colombe sous le menton et un crucifix dans ses mains posées sur ses genoux. Cet emblème naïf de la Sainte-Trinité a été mis dans les fondations du nouveau portail.

Le pavé est enrichi de plusieurs tombes fort belles consacrées à des chanoines, à des bourgeois et à des hommes d'épée ; elles datent des XV et XVI siècles.

La première représente un homme à l'état de squelette, le ventre ouvert et les entrailles apparentes. Sur un rouleau qui lui sort de la bouche on lit ces mots :

SUM QUOD ERIS, QUOD ES ERAM, PRO ME PRECOR ORA.

Au-dessus de sa tête est l'écu de ses armes et celui d'une alliance, réunis par une bande avec ces mots :

REQUIESCAT IN PACE.

Dans le cadre, autour de la tombe, on lit en lettres gothiques angulaires gravées en creux :

CY GIST
NOBLE HOMME DE PONS, SEIGNEUR DE REYNEPONT,
CAPITAINE DES CHATEL ET ALLEU DE BAR-SUR-AUBE,
QUI TRÉPASSA LE PREMIER JOUR DE L'AN MCCCCXLV,
ET VÉNÉRABLE ET DISCRÈTE PERSONNE
MESSIRE JEHAN DE PONS, SON FILS,
CHANOINE PRÉVOST ET DEPUIS DOYEN DE CÉANS,
QUI TRÉPASSA LE XIII JOUR D'AVRIL MCCCCLXXI.

La deuxième représente le défunt en robe courte à larges manches, bordée de fourrures. Il est debout, les mains jointes et les pieds appuyés sur deux jeunes chiens. De chaque côté sont ses armes, qui sont trois tours posées deux et une, et on lit dans le cadre autour de la tombe :

CY GIST
NOBLE HOMME JEHAN DE MONTIER, CAPITAINE
DE BAR-SUR-AUBE,
QUI TRÉPASSA LE XXI JOUR DE JANVIER L'AN MCCCCLXIII,
ET DEMOISELLE COLETTE DE MARISY, SA FEMME,
QUI TRÉPASSA LE VII JOUR DE MAY L'AN MCCCCXXVI.
DIEU AIT LEURS AMES. AMEN.

Autour d'une troisième tombe consacrée à un chanoine, et placée dans le chœur, on lit l'épitaphe suivante :

CY GIST

VÉNÉRABLE ET DISCRÈTE PERSONNE

MESSIRE JEHAN DE MONTBELLIART , PRESTRE ,

JADIS CHANOINE ET SOUS-CHANTRE DE CÉANS ,

QUI TRÉPASSA L'AN MCCCCLXXXI, LE V JOUR DU MOIS D'AVRIL.

PRIEZ POUR LUI.

Devant la chapelle de la Sainte-Vierge est une autre tombe avec cette inscription gravée à l'en—tour :

CY GIST

HONNÊTE FEMME JEANNE , JADIS FEMME DE HONORABLE

HOMME BARTHELEMY BURETTE , VIVANT MARCHAND ,

DEMEURANT A BAR-SUR-AUBE ,

QUI TRÉPASSA LE PREMIER JOUR DE DÉCEMBRE 1595.

REQUIESCAT IN PACE.

Dans les transceps sont encore placées plusieurs tombes dont nous rapporterons seulement les ins-criptions :

CY GIST

MESSIRE MILLE BERTIROT, DE CHAUMONT,

JADIS CHANOINE ET SOUS-CHANTRE DE CÉANS

ET CURÉ DE BIEZVILLE,

QUI TRÉPASSA LE SECOND JOUR DE JUILLET L'AN MCCCCVIII.

PRIEZ DIEU POUR LUI.

CY GIST
VÉNÉRABLE ET DISCRÈTE PERSONNE MESSIRE JEHAN THORÉ,
PRESTRE, JADIS CHANOINE ET TRÉSORIER
DE L'ÉGLISE DE CÉANS,
QUI TRÉPASSA LE CINQ JOUR DU MOIS DE DÉCEMBRE
L'AN MCCCCXLIII.
DIEU AIT SON AME. AMEN.

Et enfin cette dernière qui renferme tout une famille :

CY GISENT NOBLES PERSONNES
HUGUENIN BOITOLLE, MARIE GRAPPINEL, SA FEMME,
ET JEHAN BOITOLLE, LEUR FILS,
LEQUEL TRÉPASSA LE PREMIER JOUR DE MAY,
ET NOBLE PERSONNE PIERRE BOITOLLE, BOURGEOIS
DE BAR-SUR-AUBE, FILS DUDIT JEHAN,
QUI DÉCÉDA LE XXVII MARS 1568,
ET SCIENTIFIQUE PERSONNE MESSIRE PIERRE BOITOLLE,
DOCTEUR-MÉDECIN, SON FILS, QUI TRÉPASSA
LE XXVIII D'AOUT 1572,
ET DEMOISELLE ANNE DE MEUVE, FEMME DUDIT
BOITOLLE, BOURGEOIS,
QUI TRÉPASSA LE XV FEBVRIER 1573.
PRIEZ DIEU POUR EUX.

Desservie d'abord par des religieux, convertie en collégiale en 1170, par Henri le Libéral, comte de Troyes, et érigée en paroisse vers la fin du XIVᵉ siècle, cette église a porté différents noms, mais on ignore à quelle époque elle a été mise sous l'invocation de saint Maclou. Dans l'origine elle était dé

diée à *saint André*. **En 1791**, au moment où, par
suite de la Constitution civile du clergé, elle était
desservie par un prêtre assermenté, elle s'appela
Sainte-Germaine; à l'époque de la Terreur, elle
devint le *temple de la Raison*, et ce n'est que lorsqu'elle fut rendue au culte qu'elle reprit son ancien
nom de *Saint-Maclou*.

Le chapitre de la collégiale était composé d'un
doyen et de vingt chanoines, y compris les trois
curés de la ville; il percevait la dîme au seizième
sur la plupart des récoltes, et la huitième semaine
dans le péage du roi, ainsi que le péage de la foire
des Rameaux, quand elle tombait dans cette semaine; il nommait aux cures de Bar-sur-Aube,
Ailleville, Proverville, Couvignon, Bayel, Urville
et Baroville, dont souvent il adjugeait les dîmes
et la desserte pour trois, six ou neuf années; et il
était enjoint aux nouveaux mariés de Bar-sur-
Aube de lui payer, dans le délai de six semaines,
les honoraires de la célébration du mariage, avec
défense d'habiter ensemble jusqu'à ce qu'ils eussent
satisfait à ce paiement, sous peine d'excommunication.

L'ancienne salle capitulaire sert actuellement de sacristie : au-dessus est le logement du sonneur qui est éclairé par trois fenêtres en forme de meur-trières.

En 1687, par suite du cantonnement des parois-ses fait par l'évêque de Langres, l'office collégial devint paroissial, et en 1780 le chapitre fit suppri-mer, par un décret du même évêque et par lettres patentes du roi enregistrées au parlement, deux semi-prébendes et les titres de deux chapelles fon-dées dans le bas-chœur.

Avant la Révolution, la paroisse ne possédait qu'un des collatéraux, le chapitre, qui possédait le reste, était considéré comme curé primitif, et le curé de la paroisse devait terminer son office à voix basse aussitôt que les chanoines commençaient le leur.

C'est par les mérites de saint Maclou que les rois de France prétendaient avoir le don de guérir les écrouelles; mais ce n'est pas le seul miracle qu'on lui attribue, en voici un non moins surprenant dont le tableau ornait jadis l'église qui lui est consacrée.

Saint Malo, Maclou ou Marcouf, car il est invo-
qué sous ces trois différents noms, avait un chapitre de moines qui, tous les jours, allaient à cinq
heures à matines. Comme il n'avait point d'horloge,
il avait élevé un coq qui, chaque matin, le réveillait
à ladite heure. Un jour, tous les moines se trouvèrent endormis, et saint Maclou entrant dans son
église n'y trouva personne. Il se mit en colère contre les religieux qui rejetèrent la faute sur le coq
qui n'avait pas chanté. Enquête faite, il se trouva
que le coq avait été mangé par un renard qui,
appelé devant saint Maclou, fut par lui obligé de
restituer le coq tout emplumé, lequel, dit la chronique, se mit à chanter tout aussitôt.

La paroisse de Saint-Maclou est desservie par un
curé aidé du desservant de Proverville qui remplit
auprès de lui les fonctions de vicaire.

SAINTE-MARIE-MAGDELEINE.

Cette église, d'architecture gothique, était située
dans la rue Notre-Dame ; elle n'avait rien de re-

marquable, sinon que son sanctuaire était tourné
au nord, ce qui, avec un Bacchus coiffé d'une peau
de bouc, des béliers et des chèvres enlacés de feuilles de vignes et de grappes de raisin, qui décoraient
les chapiteaux des colonnes du grand portail, et la
galerie du genre de celles appelées *area*, où se vendaient les choses nécessaires aux sacrifices, aux of-
frandes et aux libations, et qui, dans le XIe siècle,
servait aux assemblées et aux pénitences publiques,
fait supposer que c'était jadis un temple de faux
dieux. Vendue et démolie en 1798, une auberge
appelée *la Madeleine* s'élève maintenant sur son
emplacement.

Il y avait sur le maître-autel un tableau du fameux Lesueur, représentant l'apparition de Notre-
Seigneur à la Magdeleine. Ce morceau, quoique
retouché par une main inhabile, était précieux aux
vrais amateurs qui y retrouvaient encore la touche, le goût et le génie du savant artiste. Depuis la
destruction de l'église on ignore ce que ce tableau
est devenu.

On y voyait également un Dieu de Pitié, admiré

des connaisseurs , et placé depuis dans l'église Saint-Pierre.

On ne reconnaissait à Sainte-Marie-Magdeleine d'autre curé que le titulaire, et un arrêt du Parlement, du 21 mars 1684, avait défendu au prieur de Saint-Pierre de prétendre aux droits de curé primitif de cette église, tout en la reconnaissant comme sa succursale. Une ancienne coutume témoignait cependant de sa suprématie : ainsi, au jour de la Fête-Dieu, ce prieur prenait le soleil de sa paroisse, venait à Sainte-Magdeleine, le déposait, prenait celui de cette église, faisait la procession sur cette paroisse, puis rapportait ce soleil, reprenait le sien et retournait à Saint-Pierre.

Une transaction de 1078, sur le patronage de cette église, prouve qu'elle était déjà paroissiale à cette époque, et une note trouvée dans la bibliothèque de M. Bercenay, à Troyes, porte qu'en 1160, un juif y étant entré pendant l'office divin , vomit dans le bénitier, et que le peuple, indigné de ce scandale , arrêta ce mécréant qui fut condamné à être brûlé vif : il fut exposé aux regards du public, la tête chargée d'une mître ignominieuse, et exécuté sur la place d'armes de Bar-sur-Aube.

Cette paroisse fut la première qui , en 1778, à la suite de l'ordonnance du roi interdisant la men - dicité, établit un bureau de charité, exemple qui fut bientôt suivi par les deux autres.

Après leur réunion à la collégiale de Saint-Maclou, en 1393, union qui n'a pas été confirmée par lettres patentes, mais approuvée par le concile de Trente , ces paroisses furent desservies par des chanoines *amovibles* qui avaient la qualité de *vicaires*. En 1686, par suite de la déclaration de 1661 , le cha- pitre les nomma *vicaires perpétuels*, et ce n'est que par suite des déclarations de 1626 et 1631 qu'ils prirent le titre de *curés*. Ils jouissaient du revenu d'une prébende canonicale qui leur tenait lieu de portion congrue, et dont le titre fut supprimé en 1685 et uni aux cures; mais on leur avait conservé les honneurs du chapitre dans lequel ils avaient voix délibérative : aussi , en cas d'absence ou de mala- die, le chapitre, comme collateur des cures, devait-il les faire desservir, et était-il obligé de loger les

titulaires, ce qui lui était facile en raison des donations qui lui avaient été faites par les comtes, et
des nombreuses maisons qu'il tenait de la munifi-
cence des habitants : il en possédait cent-vingt, qui
formèrent ce que l'on appela depuis le *Cloître-
Saint-Maclou;* et, en sa qualité de décimateur des
gros fruits dans toute l'étendue de Bar-sur-Aube, il
fut chargé de l'entretien et des grosses réparations
du chœur des églises paroissiales, même, en cas
d'insuffisance des revenus, il devait fournir livres, calices et ornements, jusqu'en 1726, où, par
suite d'une transaction, les fabriques, moyennant
150 livres pour Saint-Pierre et 100 livres pour
Sainte-Marie-Magdeleine, se chargèrent de toutes
ces dépenses.

CHAPELLE SAINT-JEAN.

Cette chapelle, qui présente des détails de styles
différents, est très-simple et presque réduite aux
quatre murs. A l'intérieur, on voit encore des colonnes dont les chapiteaux sont à peine recouverts de

quelques feuilles , et , à la voûte, l'écu de France
aux trois fleurs de lys ; à l'extérieur , une porte
cintrée soutenue par deux colonnes cannelées et une
façade percée de deux fenêtres de forme et de grandeur différentes : l'une très-simple , l'autre plus
grande et plus riche, et ornée de filets et de moulu-
res ; elle est divisée en deux parties, surmontée
d'une rose à cinq feuilles , le tout couronné par
une large bande appuyée sur deux têtes de jeunes
hommes coiffés de longs cheveux comme au temps
de Louis XII.

Le haut de cette jolie fenêtre a été brisé pour
donner passage aux bottes de paille et de foin , car
cette chapelle, vendue en 1792, est maintenant convertie en écurie, comme l'indiqua pendant longtemps cette inscription : *Ecurie à Corneux*, placée
au-dessus de la porte, et que, depuis peu, on a eu
le bon esprit de faire disparaître.

Une troisième fenêtre, peu élevée et sans ornement, est ouverte au-dessus de l'autel.

Cette chapelle dépendait de la commanderie de
Thors et de Gorgehin. Dans l'origine, elle apparte-

nait aux Templiers, dont saint Jean-Baptiste était
le patron ; mais en 1306, époque de la suppression
de cet ordre militaire et religieux, elle fut donnée
par Philippe-le-Bel aux Chevaliers de Malte qui la
possédèrent jusqu'à nos jours.

On voit encore, dans la chapelle Saint-Joseph de
l'église Saint-Pierre, une vieille statue de saint Jean-
Baptiste, avec un chevalier du Temple, couvert de son
grand manteau blanc, agenouillé à ses pieds. Près
de lui est son bouclier sur lequel, à côté de la croix
à huit pointes, est posée une chouette, symbole de
la prudence, et sur le socle sont les initiales T.P.
(*Templum*). Cette statue provient de la chapelle
Saint-Jean.

A part cette chapelle, les Templiers possédaient
encore de grands biens dans les environs. Les seigneuries de Thors et de Maisons, de vastes prairies,
le bois de Beauregard , la forêt d'Orient, dite aussi
du *Temple*, etc., dont le roi s'empara lors de leur
suppression, dépendaient aussi de cette ordre.

Le cimetière Saint-Jean ou des *Templiers*, placé
vers la promenade du Jarre, servit à inhumer les

habitants de Bar-sur-Aube pendant la peste qui désola cette ville en 1236. Vendu n détail au commencement de ce siècle, il est maintenant converti en promenade et en jardins.

Chapitre Trois.

Suite de la description des Monuments. Couvents des Cordeliers, des Capucins, des Ursulines (Hôtel-de-Ville). Maladreries. Hospices du Saint-Esprit, de Saint-Nicolas. Sœurs du Bon-Secours Chapelle du pont d'Aube. Salle de Spectacle. Prisons. Collége. Ecoles. Abattoir. Antiquités. Armes de la ville.

COUVENT DES CORDELIERS.

Les Cordeliers, dont un de nos boulevards a conservé le nom, étaient une colonie de religieux du même ordre, de la congrégation de Dijon, venus de Châtillon-sur-Seine, et établis à Bar-sur-Aube en 1283, par les soins d'une bourgeoise nommée Emeline De La Porte, veuve de Tholomin-Olinfoux, qui fit don à Frère Janson et à trois de ses confrères d'un emplacement pour bâtir, en dehors des fossés de la ville ; et par les bienfaits de Jeanne de Navarre, reine de France et comtesse de Champagne, qui, jalouse de participer à cette bonne œuvre, leur fit aussi donation de quelques maisons et jardins, qu'elle acheta de divers particuliers, pour aggrandir l'enceinte de leur couvent, dont la première pierre fut posée par Jacques De Moustier.

Plusieurs personnes pieuses firent bâtir à leurs frais le dortoir et l'église qui fut consacrée, en 1289, par Christophe, évêque de Malvoisie, sous l'invocation de Saint-Jean-Baptiste.

Par lettres patentes du mois d'octobre 1286, ces religieux avaient obtenu du roi Philippe-le-Bel et de la reine son épouse, avec la permission d'établir un couvent et un cimetière à Bar-sur-Aube, celle d'inhumer dans leur église tous chrétiens qui voudraient y choisir leur sépulture, à la charge par eux de payer aux moines de Saint-Claude, qui desservaient la paroisse Saint-Pierre, une rente annuelle et perpétuelle de 10 livres 7 sous pour droit de cimetière.

Ce couvent possédait autrefois une fort belle collection de livres, que la Révolution a achevé de détruire, et dont les religieux avaient déjà vendu au poids la majeure partie, entre autres une édition *princeps* de Tite-Live faite à Rome sous le pontificat de Paul II, avec une préface d'André de Crète, évêque d'Aléria. Cet ouvrage, qui a long-temps occupé une place distinguée dans le cabinet de S. E. le cardinal de Loménie de Brienne, grand amateur de livres, est passé en Angleterre.

On remarquait aussi le petit portail qui formait l'entrée du chœur, un Saint-Sépulcre et un escalier en pierres de fort bon goût.

Longtemps cette maison a compté dix-huit à vingt religieux profès, parmi lesquels on cite un de leurs provinciaux, Frère Mercatori, prédicateur distingué, et Frère Quillot, appelé *le Lion de la Sorbonne*; mais elle était réduite aux R. P. Quillard, Laquille et Quillardet, qui vivaient tranquille-ment du produit de leurs quêtes, sans s'inquiéter du renom de leurs prédécesseurs, lorsqu'ils furent chassés de leur asile en 1791 et leur couvent vendu.

. Démoli en partie à cette époque, il fut converti en prison en 1793 et entièrement rasé en 1827.

Le cimetière actuel faisait partie du jardin des Cordeliers; il fut établi en 1793 par suite d'une délibération du Conseil municipal, du 18 août 1792, qui, pour cause de salubrité publique, défendit les inhumations dans l'intérieur de la ville.

COUVENT DES CAPUCINS.

Un autre essaim des enfants de saint François, venus de la maison de Chaumont, se fixa, en 1635, à Bar-sur-Aube, sur un terrain qui lui fut concédé par M. De la Force, prieur de Saint-Pierre; mais, en 1686, ils changèrent de demeure avec des Irlandais du même ordre établis à Sedan et à Charleville, et furent transférés par lettres de cachet à Bar-sur-Aube et à Wassy.

Dans les guerres maritimes ils fournissaient des aumôniers aux vaisseaux.

Louis XIV leur avait assigné une aumône de 400 livres par an sur les taillis de l'élection de Bar-sur-Aube, et un minot de sel ; ils jouissaient, en outre, d'une rente annuelle de 90 livres sur le Mont de piété de Bruxelles, mais leur principale ressource consistait dans les quêtes, qu'ils savaient rendre fructueuses, aussi, en revanche, exerçaient-ils généreusement tous les devoirs de l'hospitalité, car, bien que réduits à trente frères au moment de leur suppression, ils consommaient annuellement, dit-on, 700 hectolitres de vin.

On voyait dans leur chapelle les tombes des *Nugent*, lords irlandais, et d'une dame *Dillon*, fondateurs de leur ordre ; et les boiseries du chœur, de la sacristie et du réfectoire étaient fort belles.

Un novice irlandais nommé *Odali*, dont on a fait *Odelin*, qui quitta le froc pour se marier à Bar-sur-Aube, est la tige de la famille de ce nom.

Vendus en 1791, les bâtiments de ce couvent, qui était situé dans la rue Neuve, sont devenus propriété particulière et ont été transformés en logements, pressoir et magasins.

COUVENT DES URSULINES.

L'Hôtel de Ville actuel est tout ce qui reste de
l'ancien couvent des Ursulines, fondé à Bar—sur-
Aube en 1634 pour l'éducation des jeunes filles.
Placé au centre de la ville dont il obstruait l'emplacement le plus précieux, ce bâtiment lui fut concédé
par l'Etat en 1791. Une partie fut démolie à cette
époque; une autre, dont l'église, fut brûlée en
1814, le jour des Cendres, à l'époque de l'invasion, par l'imprudence de prisonniers français qu'on
y avait renfermés; le surplus, aggrandi et réparé,
contient les bureaux de la mairie, les différents tri-
bunaux, la caisse d'épargne, les logements du commissaire de police et du concierge, le corps de
garde, et une salle de spectacle qui ferait envie à
beaucoup de villes plus importantes. Mais, malgré ces constructions nouvelles et son changement
de destination, le petit dôme qui contient l'horloge
et qui s'élève au milieu de sa toiture, ainsi que la

galerie qui le précède, et où, au lieu des louanges du Seigneur, se débitent, chaque jour, force cancans, révèlent à première vue son origine monastique.

Dans son intérieur on aperçoit encore quelques restes de sculpture, et au-devant s'étend une fort belle place établie sur l'emplacement des bâtiments incendiés, où se célèbrent les fêtes publiques et déballent les marchands les jours de foire et de marché.

Ces religieuses étaient au nombre de dix-huit, et elles chantaient des hymmes en latin, quoique depuis le XIV° siècle les filles eussent cessé d'apprendre cette langue; dans le chœur de leur chapelle on remarquait des anges et des chérubins en bois d'un fort beau travail. En 1695, elles avaient voulu s'emparer de la rue des Halliers qui longe le derrière de leur maison, mais le roi avait rejeté leur demande.

L'ancien hôtel de ville était situé auprès des Halles, dans la maison de M. Berault, entre MM. Mion et Minot. C'était là qu'étaient renfermés

la potence et tous ses accessoires brûlés par les Mar-
seillais , lors de leur passage en 1792.

Le couvent actuel des Ursulines est placé dans
l'ancien collége.

MALADRERIE OU LÉPROSERIE.

Hospice fondé au XII⁰ siècle pour le soulagement
des malheureux infectés de la lèpre , maladie con-
tagieuse rapportée de la Terre-Sainte par les Croi-
sés , et qui pendant longtemps exerça en Europe de
très-grands ravages.

La Maladrerie de Bar-sur-Aube , composée
d'une église dédiée à saint Jean-Baptiste et de bâtiments pour loger les ladres ou lépreux , était située
à l'extrémité du finage de la commune , sur le chemin d'Ailleville , non loin de l'abbaye du Val-des-
Vignes ; elle était de l'ancienne administration et
fondation des habitants de Bar-sur-Aube, comme
il est prouvé par les arrêts du Grand Conseil , des

25 février 1558 et 13 août 1613, qui, avant 1814,
se trouvaient encore dans les archives de la ville.

Ses biens ont été réunis à l'hôpital Saint-Nicolas.

HOPITAL DU SAINT-ESPRIT.

Cet hôpital, destiné à recevoir les malades de la
ville, avait été fondé au XIII° siècle ; il était situé
au faubourg Notre-Dame, lieu dit *le Saint-Esprit*,
et consistait en trois corps de logis et une chapelle
dont présentement il ne reste plus qu'une fenêtre
assez agréablement découpée. La ville avait appelé
pour le desservir un religieux de Dijon, de l'ordre
du Saint-Esprit.

Pendant longtemps les intentions pieuses des
fondateurs ne purent être entièrement remplies :
l'hôpital n'avait que 300 livres de revenu, et cette
modique somme ne lui permettait pas de recevoir
des malades, aussi les officiers municipaux, après
avoir pourvu à l'entretien du *Maître des malades*
(c'est le nom que portait le desservant), employaient

le surplus en distributions de secours aux pauvres. Mais lorsque la ville put disposer de sa maladrerie, ce revenu, joint aux 300 livres et à une somme prélevée sur son octroi, lui permit d'avoir une salle avec cinq lits où les malades, soignés d'abord par une femme séculière, le furent ensuite par des sœurs de son ordre, que le Maître fit venir de Dijon ; et, par suite de la disparition des titres enlevés, dit-on, par Frère Raillard pendant la peste de 1636, il les y maintint malgré l'opposition constante des habitants.

Par arrêt de l'évêque de Langres du 24 février 1631, le prix de la nourriture de chaque malade était fixé à onze sous par jour.

Louis XIV ayant, par son édit du mois de décembre 1672, accordé les maladreries à l'ordre de Saint-Lazare, la ville, privée de cette ressource, ne put continuer à recevoir les malades au Saint-Esprit. Le Maître et les religieuses restèrent en possession des biens, à la charge de rendre compte aux habitants, d'entretenir les bâtiments, d'exécuter les fondations et de faire les aumônes ordinaires ;

mais, en 1693, le roi ayant retiré à l'ordre de Saint-Lazare la jouissance des maladreries et déclaré que leur revenu serait employé en fondations charitables, par arrêt du conseil du 30 septembre 1695, il fut ordonné qu'il serait fondé à Bar-sur-Aube un hôpital auquel seraient unies les maladreries de Bar-sur-Aube, Laferté-sur-Aube, Château-vilain, Essoyes, Vendeuvre, Chaource, Gyé-sur-Seine, Lagesse et Mussy-l'Evêque, et que les pauvres malades des lieux où elles étaient situées seraient reçus audit hôpital à proportion de leur revenu.

Il était inutile de construire un hôpital, puisque celui du Saint-Esprit pouvait suffire. En conséquence, par suite d'un arrangement fait avec le Maître, la ville abandonna le revenu de son hôpital aux religieuses, et il fut convenu que les malades de Bar-sur-Aube et des pays sus-indiqués y seraient admis et entretenus; ce qui dura jusqu'en 1740.

En 1662, Louis XIV, pour obvier autant que possible à la mendicité, avait ordonné qu'il serait établi dans chaque ville un hôpital général où les

mendiants valides et invalides seraient employés à
des travaux de manufacture, et déclaré que les
personnes pieuses seraient bien venues à fonder de
semblables établissements ; le sieur *Edme Puissant*,
greffier au bailliage de Chaumont, et la dame
Charlotte Fagotin, son épouse, proposèrent, le 31
mars 1715, aux habitants de Bar-sur-Aube de
donner une somme de 40,000 livres pour fonder
un hôpital général et une manufacture qui seraient
établis au Saint-Esprit, à condition que les fondateurs nommeraient les administrateurs qui, après
eux, seraient nommés par l'assemblée générale des
habitants.

Cette proposition fut acceptée, et, au mois de
décembre 1716, le sieur Puissant obtint des lettres
patentes portant établissement d'un hôpital général
destiné à renfermer les pauvres, valides et invalides, de la ville et des faubourgs, et union à cet
hôpital de celui du Saint-Esprit avec tous ses biens
et ceux des maladreries ; mais l'ordre du Saint-Esprit de Dijon, le chapitre de Saint-Maclou de Bar-
sur-Aube, et quelques habitants de la ville à qui

cet hôpital général déplaisait, élevèrent chicane sur chicane, et parvinrent enfin, en 1740, à forcer les administrateurs à abandonner le Saint-Esprit et à transférer leurs malades à l'hôpital Saint-Nicolas.

Depuis ce temps, les religieuses ont joui du revenu de l'hospice; elles nourrissaient de vieilles femmes qui leur avaient abandonné ce qu'elles possédaient.

C'est ainsi qu'après avoir fondé la maison du Saint-Esprit, la ville en fut dépossédée, après quatre siècles de jouissance, par les religieux et religieuses qu'elle avait appelés pour servir les pauvres, et ils y restèrent jusqu'en 1791, époque où ils furent chassés, mais sans aucun avantage pour la ville, puisque leurs biens furent vendus par l'Etat à des particuliers, et sans qu'elle osât réclamer.

Cet ordre, du reste, devait bientôt s'éteindre, car on n'y recevait plus de postulantes, ayant été supprimé en 1784 et ses biens réunis à ceux de l'ordre de Malte.

Dans la chapelle on voyait un tableau représen-

tant un épisode de la vie de saint Gengoult, avoué
de l'abbaye de Bèze et patron des maris malheureux, qui mourut en 663, dans son château
d'Avaux en Bassigny, assassiné par l'amant de sa
femme. Le saint est dans la campagne seul avec son
épouse à qui il reproche son infidélité, et celle-ci,
à sa demande et pour lui prouver son innocence,
plonge sa main dans un ruisseau qui coule auprès
d'eux ; mais, au même instant, il s'élève de l'eau
une épaisse fumée. La femme paraît confondue et
le mari résigné : il prévoyait son sort. Ce tableau,
estimé des connaisseurs, a été vendu en 1791 ; on
ignore ce qu'il est devenu depuis.

Ce miracle n'est probablement pas le seul qui ait
valu à saint Gengoult les honneurs de la béatifi-
cation !

Lamotte-Levager, dans son *Hexameron rustique*,
nous apprend qu'il y avait dans cette même chapelle un *Saint-Langueur*, que les dames en langueur
ou stériles allaient invoquer, un bouquet de ver-
veine à la main. L'évêque de Langres le fit enlever
en 1753.

HOPITAL SAINT-NICOLAS.

La Maison-Dieu ou hôpital Saint-Nicolas, située sur la grande route de Paris à Bâle, presque à l'extrémité du faubourg Saint-Michel, fut fondée dans le XIᵉ ou au commencement du XIIᵉ siècle par les comtes particuliers de Bar-sur-Aube, pour le soulagement des maladies connues sous les noms de feu Saint-Antoine, Saint-Ambroise, Saint-Nicolas, de la Sainte-Vierge, sacré ou divin, et autres épidémies causées par la malpropreté, le mauvais air, le défaut d'usage de linge, les eaux croupissantes des fossés et les amas de boues qui infectaient l'air et rendaient les rues presque impraticables ; car nos bons aïeux, entassés dans des maisons humides, à peine éclairées par de petites ouvertures, et défendues des injures de l'air par quelques carreaux de canevas ou de papier huilé, au lieu d'avoir recours aux moyens que la propreté pouvait leur suggérer, préféraient s'adresser à un saint qui devenait alors le patron de la contagion régnante.

Cet hôpital est bien situé, les salles sont commodes
et bien aérées, et il possède des biens assez considérables. Le nombre de lits, qui n'était que de *dix* en 1734,
fut porté à *douze* en 1778, à *vingt* en 1785, à *vingt-
deux* en 1798; et maintenant il est de *vingt-quatre*,
ce qui est bien suffisant pour les besoins de la ville,
des diverses maladreries réunies et de la commune
de Dolencourt qui a acheté le droit d'occuper deux
lits pendant une partie de l'année. A l'exception des
femmes prêtes à accoucher, des fous et des indivi-
dus atteints de maladies contagieuses ou honteuses,
tous les pauvres malades y sont admis gratuitement
sur un billet signé d'un des médecins et de l'administrateur de service; et des secours à domicile et
des médicaments sont délivrés à ceux qui ne peuvent être reçus. Chaque année, aussi, il fait apprendre un métier à un enfant pauvre de la paroisse
Saint-Maclou, suivant le désir du fondateur,
M. *Lethors*, ancien curé de cette paroisse, qui, en
1741, parmi d'autres dons, a affecté une somme de
100 francs à cette intention; mais, depuis quelques
années, on n'y reçoit plus les enfants trouvés.

Il consiste en deux chapelles, l'une intérieure, à
l'usage des malades, et l'autre plus grande qui a
remplacé l'ancienne église Saint-Nicolas démolie en
1781, et où était déposé le corps de sainte Honorée : le chœur est orné de tableaux religieux peints
en 1840 par M. Ménissier, dont l'un, assez ingé-
nieux, donne le portrait de toutes les sœurs se dé-
vouant à saint Augustin, leur patron; en deux
grands corps-de-logis, divers bâtiments, une maison de ferme, plusieurs enclos et jardins. A part
le logement du concierge, les dortoirs, les cuisines,
les caves, les greniers et tous les accessoires nécessaires dans une maison de cette importance, il renferme encore deux salles de *douze* lits chacune, pour
les malades civils des deux sexes, séparées par
la plus petite des deux chapelles; une salle de
cinq lits pour les militaires, une chambre de *deux*
lits pour les officiers, une salle pour les incurables,
deux chambres de pensionnaires dont une meublée,
deux cabinets de bains, une pharmacie, une lin-
gerie, et la chambre du conseil dans laquelle sont
renfermées les archives qui sont très-curieuses.

Il existait autrefois sur le ruisseau de la Dhuy, qui coule au bout du jardin, un moulin, que l'Administration fit détruire en 1788 pour raison de salubrité; il possédait aussi une filature de coton, bâtie en 1776 par les bienfaits de M. Collet, procureur du roi à Bar-sur-Aube, dans laquelle dix-huit jeunes personnes étaient employées, et qui, grâce aux soins de MM. Joffroy, prospéra jusqu'en 1792, où elle fut fermée par suite de la Révolution.

Dans l'origine, cet hôpital fut desservi par des religieux de l'ordre de Saint-Augustin qui, l'ayant laissé tomber en décadence, furent, au XIII° siècle, remplacés par des religieuses de l'abbaye de Boulancourt, de l'ordre de Saint-Victor, dont la conduite fut loin d'être toujours régulière, c'est pourquoi, en 1436, elle furent expulsées et l'hôpital érigé en prieuré en faveur des religieux du Val des Ecoliers qui bientôt après appliquèrent à leur seul profit des revenus destinés au soulagement des infortunés. ·

Envain, en 1545, François Ier tenta la réforme des hôpitaux, les religieux du Val des Ecoliers ne

tinrent aucun compte de son ordonnance, non plus
que d'une sentence du prévôt de Bar-sur-Aube,
rendue le 3 août de la même année, par laquelle il
fut ordonné que le tiers des revenus de l'hôpital
Saint-Nicolas serait affecté à la nourriture et à l'entretien des pauvres; et, en 1608, Henri IV ayant
concédé à un ancien capitaine une place d'oblat (m)
dans leur prieuré, ils refusèrent de le recevoir, al-
léguant que Saint-Nicolas était un hospice et non un
prieuré, et, plus tard, l'ordre de Saint-Lazare et
du Mont-Carmel ayant voulu s'en emparer en vertu
de l'édit de Louis XIV de 1672, ils prétendirent, au
contraire, qu'il était un prieuré et non un hôpital;
et, les deux fois, ils gagnèrent leur procès par la
présentation de leurs titres.

Dans leurs écritures en défense on voit ce qu'ils
dépensaient annuellement pour les pauvres. Ce détail, tiré d'une pièce importante de 1608, est trop
curieux pour ne pas trouver ici place, au moins
par extrait : .

« Ils donnaient à la femme qui gardait l'hôpital
» et soignait les malades un septier et demi de blé,

» un septier d'orge, deux cordes de bois, 200 fagots
» et 3 écus et demi; l'entretien du mobilier leur coû-
» tait vingt livres. Ils fournissaient pour le pain des
» pauvres quatre septiers de blé, et enfin ils don-
» naient à chacun des médecin , chirurgien et apo-
» thicaire qui les soignaient, cinq livres par an, non
» compris les médicaments, *s'ils en donnent.* »

En 1622, Louis XIII nomma un prieur commendataire (*n*) qui , avec le prieur du Val des Ecoliers,
partagea les revenus de l'hôpital qui, dès lors, fut
abandonné par les religieux et loué, ainsi que les
autres biens, jusqu'au commencement du XVIIIe siècle. Alors, à force de démarches et par suite d'un
arrangement avec le sieur de Vauconcourt, prieur
commendataire, et l'ordre du Val des Ecoliers, les
administrateurs parvinrent à le rendre à sa destination première. Ils entrèrent en jouissance en 1734,
et , ainsi que nous l'avons déjà vu , en 1740 on
y transporta les malades de l'hôpital général ; en
conséquence, par lettres patentes du 26 mars 1745,
le prieuré de Saint-Nicolas fut définitivement réuni
à l'hôpital de Bar-sur-Aube (*o*).

Dirigé d'abord par une femme séculière, l'hôpital Saint-Nicolas fut, de 1747 à 1794, dirigé par *trois* sœurs de la maison de Besançon ; dépouillé de tous ses biens pendant la tourmente révolutionnaire, l'administration intérieure, pendant plusieurs années, en fut confiée à une demoiselle *Bertrand*, de Langres ; ensuite, les pauvres furent soignés par *cinq* et maintenant par *sept* religieuses Ursulines aggrégées depuis 1839 à la maison de Troyes, et dont on ne peut trop louer le zèle et le dévouement.

Un médecin et un chirurgien assistés chacun d'un adjoint, un pharmacien et un économe, sont attachés à cette maison qui est régie par cinq administrateurs nommés par le Gouvernement, et parmi lesquels, autrefois, devait toujours figurer un chanoine de Saint-Maclou, et, suivant un ancien cartulaire de cette collégiale, elle avait plusieurs droits d'assistance en cette église.

Il y a aussi un desservant chargé d'administrer les secours spirituels aux malades et d'acquitter les fondations pieuses : le privilège qu'ont les administrateurs de le choisir leur a été reconnu par les anciens évêques de Langres et depuis par les évêques de Troyes.

En 1814 et 1815, l'hospice Saint-Nicolas eut beaucoup à souffrir ; il fut pillé, à plusieurs reprises par les troupes étrangères, notamment, pendant vingt jours, après la bataille du 27 février 1814, et un certain nombre de titres furent alors déchirés et perdus. Maintenant tous ces désastres sont réparés, les bâtiments et le mobilier sont en bon état, et le zèle des personnes qui y sont attachées lui promet une prospérité toujours croissante (p).

Depuis 1846 la ville de Bar-sur-Aube possède trois sœurs du *Bon-Secours*, dont l'unique mission est d'aller veiller *gratis* au lit des pauvres malades. Appréciant leur conduite charitable, le Conseil municipal, par une délibération qui l'honore, se chargea en 1849, de concert avec le Bureau de bienfaisance, de faire les frais de leur modeste logement situé sur le boulevard des Cordeliers, et, depuis encore, on leur a accordé quelques secours en viande et en pain.

CHAPELLE DU PONT D'AUBE.

Alexandre , bâtard de Bourbon , chef de bandits,
fut arrêté à Bar-sur-Aube , par ordre du roi Charles VII , condamné à être renfermé dans un sac et
précipité dans la rivière d'Aube , le 31 décembre
1440. C'est par suite de cet évènement, dont nous
rendrons compte à sa date , que fut construite sur
un des avant-becs du pont , et conservée dans ses
différentes réédifications , la petite chapelle dédiée à
saint Nicolas qu'on y voit encore , et où les armes
de la maison de Bourbon étaient gravées en relief ;
on y voyait aussi un Dieu de Pitié qui a été enlevé
il y a peu d'années.

Jusqu'en 1766 on y a dit la messe, et maintenant on y fait une station lors des processions des
Rogations.

SALLE DE SPECTACLE.

Ainsi que nous l'avons dit à l'article du couvent
des Ursulines , Bar-sur-Aube possède une salle de

spectacle gracieuse et bien décorée. Bâtie par actions en 1838, sa forme est un parallélogramme
arrondi aux extrémités , et elle peut contenir envi -
ron cinq cents spectateurs.

La seconde galerie est ornée de cartouches représentant nos plus célèbres auteurs dramatiques et
une scène d'un de leurs principaux ouvrages : au-
dessus est le nom de chacun d'eux renfermé dans un
médaillon ; et des Génies , les mains chargées de
palmes et de couronnes, décorent le fond. Ces sujets,
bien choisis et agréablement exécutés, font honneur
au goût de M. Ménissier, leur auteur.

Bar-sur-Aube possède aussi une Société phil-
harmonique et une École de chant.

PRISONS.

A l'entrée de la ville, sur la route de Troyes ,
auprès de la caserne de gendarmerie bâtie en 1775
pour le logement d'une brigade de maréchaussée ,
est une prison cellulaire construite en 1847 , dans

laquelle les visiteurs remarquent l'ingénieuse disposition de l'autel, qui permet à tous les prisonniers, de toutes les parties de la maison, de voir le
prêtre officier, sans qu'il leur soit besoin de quitter
leurs cellules, dont les portes sont maintenues entr'ouvertes au moyen de crampons de fer, et sans
qu'ils puissent nullement s'apercevoir entre eux.

L'ancienne prison était située dans la rue Saint-
Pierre ; vendue depuis quelques années, elle est
maintenant convertie en magasin.

COLLÉGE, ÉCOLES.

Le collége, situé rue Piverotte, dans un hôtel
donné à cette intention, en 1770, par M. Mailly
et ses enfants, et réuni aux anciens bâtiments du
grenier à sel, était très-beau et très-vaste avant que
le département n'en eût acheté une partie en 1832
pour y établir la sous-préfecture. Précédemment,
il était placé dans un bâtiment que la ville avait acquis de l'abbaye de Clairvaux, par acte du 29 dé-

cembre 1532 , moyennant une rente foncière de
12 livres par an , et dans lequel , depuis 1810 ,
sont logées les religieuses Ursulines : sur leur porte
on voit même encore le mot *Collegium*, avec la
date 1639.

Dans l'origine , il était régenté par un principal
et avait été doté sur les domaines patrimoniaux de
la ville, dont il était autorisé à percevoir une portion des revenus, par arrêt du conseil du 8 janvier
1692. Indépendamment d'une prébende canonicale
affectée à un docteur en théologie chargé de prê-
cher, il jouissait encore du revenu d'une autre prébende dont le titre fut supprimé en 1784 par un
décret de l'évêque de Langres , et dont le revenu
était destiné à l'entretien d'un précepteur chargé
d'instruire gratuitement un certain nombre de jeu-
nes-gens de la ville. Ces deux prébendes étaient à
la charge du chapitre de Saint-Maclou , à qui cette
prestation avait été imposée par lettres patentes du
roi Charles IX données au bois de Vincennes le 19
juillet 1562 , et en exécution des articles VIII et IX
des ordonnances de Blois et d'Orléans de 1574
et 1579.

En 1783, Mgr de la Luzerne, évêque de Langres, voulut réunir au collège les biens de l'hôpital du Saint-Esprit dont l'ordre était éteint ; plusieurs démarches furent même faites à cette intention, mais la Révolution qui survint lui empêcha de donner suite à ses projets, et, plus tard, un arrêté du grand-maître de l'Université, du 5 novembre 1814, décida qu'il ne serait pas réorganisé.

Du reste, ce collège, maintenant simple pensionnat auquel est annexée une école primaire supérieure, n'a jamais été patenté, et, malgré toutes les recherches possibles, on n'a jamais pu parvenir à prouver son existence légale. Il en est sorti des hommes qui, jadis, lui avaient acquis une grande réputation, entre autres le fameux poète latin Nicolas Bourbon et le célèbre Claude Robert, premier auteur du *Gallia Christiana*, et beaucoup d'autres également distingués dans la République des lettres ; c'était le berceau de la noblesse, du clergé, de la magistrature et des militaires du pays et des environs qui se sont fait remarquer dans les différents postes qu'ils ont occupés.

La ville possède encore une seconde école primaire ; deux salles d'asile dotées, l'une et l'autre,
d'une rente de 400 francs dont, en 1846, le brave
général Vouillemont leur fit don par son testament ;
un pensionnat de jeunes demoiselles, et une école
primaire de jeunes filles tenue par les Religieuses
Ursulines, dont nous venons de parler, et à laquelle
est annexé un petit pensionnat.

Avant 1792, chacune de nos trois paroisses avait
son maître d'école : celui de Saint-Pierre logé aux
frais de la ville ; celui de Sainte-Magdeleine, par la
fabrique, et celui de Saint-Maclou, par le chapitre qui lui confiait l'éducation des enfants de
chœur.

ABATTOIR.

En 1842, dans l'intérêt de la salubrité publique,
un abattoir a été construit au-delà du pont d'Aube,
dans la rue des Tuileries qui depuis a pris le nom
de cet établissement utile mais un peu trop res-

treint, et qui, pour cette raison, doit prochainement
être aggrandi.

Les autres édifices publics n'offrent rien de
curieux.

Les rues de la ville et surtout celles des faubourgs, à peu d'exceptions près, sont étroites et
mal alignées, cependant, sous ce double rapport,
elles ont, depuis quelques années, éprouvé de grandes améliorations, grâce à un nouvel alignement et
à un nouveau plan mieux tracé et mieux conçu que
celui de 1769 ; ce qui, joint aux belles devantures
que nous voyons s'élever chaque jour, doit nous
donner bon espoir pour l'avenir.

Les anciennes maisons sont presque toutes bâties
en bois, mal distribuées et plus mal percées : toutes
celles de la place du Marché au blé sont précédées,
des deux côtés , de galeries couvertes qui servent
aux voisins de promenade en temps de pluie, et où
les marchands déposent leurs grains les jours de
foire et de marché ; on en remarque aussi quelques-
unes, dans les rues Saint-Michel et des Boucheries,
qui ont des avant-toits ornés de grandes figures de

saints, mutilées par le temps, sculptées sur leurs
.supports.

Les maisons de pierres, plus commodes et mieux
bâties, sont toutes modernes, à l'exception d'une
seule située à l'extrémité de la rue des Boucheries, à
l'angle de celle de l'Epicerie, et qui, jadis, était,
dit-on, la demeure du gouverneur du comté de
Champagne à Bar-sur-Aube.

Cette maison, dont toutes les ouvertures, à l'exception de celles de côté, avaient été changées, ne
conserve plus rien maintenant de sa décoration primitive, mais en 1850, avant sa conversion en café,
on y remarquait une balustrade à jour formée des
initiales entrelacées des noms de Henri II, roi de
France, et de Diane de Poitiers, sa maîtresse (H.D.);
elle bordait le comble et se continuait sur une tourelle terminée par un cul-de-lampe formé de boudins
décroissants, et au milieu de laquelle était une niche
en saillie où était placée une statuette de la Sainte-
Vierge. Achetée par Mme de Simiane, comme monument de famille, cette tourelle fut transportée et
rétablie avec soin au château de Cirey.

On ignore l'époque où cette maison a été bâtie :
le plus grand nombre croient qu'elle est du XVIe
siècle ; mais d'autres, nous ne savons sur quelle
autorité, la font remonter jusqu'au XVe, et prétendent que la balustrade dont nous avons parlé a
été postérieurement ajoutée.

Il y a quelques années, on a trouvé dans une des
rues de la ville un morceau de marbre noir portant cette inscription incomplète :

> HIC JACET
> ILLUSTRISSIMA
> DOMINA MATHILDIS
> UXOR PHILIPPI
> COMITIS FLANDRIÆ.

Il est à croire que ce fragment de tombe, qui n'é-
tait qu'une restitution, à en juger par la forme
des caractères, provenait de l'abbaye de Clairvaux,
où Mathilde de Portugal fut inhumée près du corps
de son mari Philippe d'Alsace, XVe comte de Flandre, mort en 1191.

Les armes de la ville de Bar-sur-Aube étaient
celles de la province de Champagne : *Elles étaient*

d'azur, à la bande d'argent cotoyée de deux doubles cottices potencées et contre-potencées de même ; et, le 8 août 1696, elle a encore payé une finance pour ses armoiries. Celles des comtes étaient un *Bar* ou *Barbeau*, poisson très-commun dans la rivière d'Aube.

Le comte de Bar-sur-Aube était un des sept pairs de Champagne ; les six autres étaient les comtes de Joigny, de Réthel, de Roucy, de Brienne, de Grand-Pré et de Bar-sur-Seine.

Chapitre Quatre.

Antiquités des Gaules et du Barrois : Camp de César; voie et antiquités romaines; *Segessera*. Bar-sur-Aube converti au christianisme; anciens usages ; fêtes publiques ; processions. Attila. Histoire de sainte Germaine et de sainte Honorée. Couvent et village de Sainte-Germaine.

La Gaule est célèbre par son antiquité et le courage de ses enfants ; elle a envoyé des colonies dans toutes les parties du monde, et Rome saccagée par Brennus, le temple de Delphes pillé, sont des monuments de la valeur de ses fils. Pendant cinq cents ans que les Romains en furent paisibles possesseurs, avec leur langage et leurs mœurs, ils y introduisirent les sciences et les arts ; à cette époque elle produisit beaucoup de grands hommes, et ses écoles jouissaient d'une grande réputation.

Au moment de l'invasion romaine, notre contrée formait-elle un pays à part? C'est l'opinion de Vignier qui, dans les *Ambarri*, mentionnés par César et Tite-Live, veut trouver les Barrois, c'est-à-dire les habitants de Bar-sur-Seine et de Bar-sur-Aube. Ou faisait-elle partie du pays des Lingons ? C'est l'opinion la plus répandue, mais, faute de documents suffisants, cette question restera toujours insoluble. On sait seulement qu'après la conquête, lorsque la Gaule fut divisée en province romaine , le *Barrois* fut réuni à la Première-Lyonnaise; les *Tricasses* (Troyens) faisaient partie de la Quatrième.

La Première-Lyonnaise comprenait, en outre, les *Lingones* (Langres), les *Ædui* (Autun , Châlons , Mâcon , Nevers), les *Segusiani* (Lyon), les *Insubres* (inconnu), les *Aulerci-Brannovices* (Charlieu), les *Mandubii* (l'Auxois), et les *Boü* (le Bourbonnais).

C'est sur la montagne qui domine la ville de Bar-sur-Aube que se trouve son titre historique le plus ancien : ce sont les traces encore apparentes d'un triple fossé qui entourait un camp destiné probablement à maintenir dans l'obéissance les peu-

ples vaincus. Il paraîtrait avoir été de ceux appelés
stativa, c'est-à-dire où les légions séjournaient plus
ou moins longtemps, et pouvait contenir dix mille
hommes de toutes armes.

Les camps des Romains leur tenaient lieu de places fortes : une fois établis, c'étaient des forteresses
qu'ils retrouvaient au premier besoin, sans avoir la
peine de les entretenir ou du moins à peu de frais.
Ils étaient quadrangulaires, avec une porte à chaque
angle, et au milieu était le *Pretorium* ou quartier
général; ils étaient défendus par un fossé et un
rempart de douze pieds, et entourés de fortes palis-
sades.

La formation de ce camp est attribuée à Jules-
César, ce conquérant des Gaules dont il fut aussi
le premier historien, ou à Labienus, son lieutenant;
cependant, des médailles de Domitien trouvées
dans son emplacement pourraient donner à croire
que son établissement est postérieur à cette époque,
et qu'il a été établi par un des *Césars,* nom commun
à tous les empereurs, et non point par Jules-César,
suivant l'habitude vicieuse où l'on est de donner le

nom de ce grand homme à tout ce qui nous reste
des Romains, par l'empereur Julien peut-être, dans
une de ses expéditions dans la Gaule, en 356 ou 57.

Ces conquérants avaient aussi établi une voie
romaine allant de Reims à Langres, dont une partie, qui subsiste encore sur le territoire de Bar-sur-
Aube, est connue sous le nom de *Chemin de Courcelange* ou *Voie des Romains*, et quelques tombes
trouvées dans les fondations de la rue Notre-Dame
à Bar-sur-Aube ; le tombeau d'un préfet du Prétoire trouvé sur le penchant de la montagne Sainte-
Germaine ; la salle de bains pavée en mosaïque découverte à Proverville, en 1783, dans un pré où
depuis un vigneron a déterré un tombeau de pierre
qui renfermait des ossements, une hache d'armes
en fer, avec une inscription rendue illisible par le
temps (ce tombeau était scellé d'une tablette dont
on a fait une marche d'escalier, et lui-même a
longtemps servi d'abreuvoir au fermier de Sainte-
Germaine), sont autant de preuves que cette voie lon-
geait la montagne en se dirigeant sur Bar-sur-Aube
dont elles attestent en même temps l'importance

FBRG DI RO...MONT

et l'antiquité. — On sait que, chez les Romains, les
bains et les sépulcres étaient du nombre des constructions placées sur le bord des routes. — Et
nos anciens se rappellent encore ces sculptures
toutes païennes qui décoraient l'église de Sainte-
Marie-Magdeleine, et qui ont fait supposer que c'était
un ancien temple de Bacchus. Car, bien que les
Gaulois, avant Jules-César, eussent adoré l'Etre
suprême sous les divers noms de Teutatès et d'Hésus,
jamais cependant ils ne lui élevèrent de temples,
les Druides (c'était le nom de leurs prêtres) prétendant que c'était dégrader la majesté divine que de
la renfermer dans un édifice ou de la représenter
sous la forme humaine ; mais, avec les lois de leurs
nouveaux maîtres, ils reçurent aussi leur religion,
et bientôt après leurs Dieux changèrent de nom et la
Gaule se couvrit des emblêmes du polythéisme.

Maintenant, à celui qui voudrait élever quelques
doutes nous dirions : Consultez la carte de Peutinger,
calquée sur l'*Itinéraire* d'Antonin, et vous verrez
que la position de *Segessera* est celle de Bar-sur-
Aube, et que les distances qui la séparent d'*Augusto-*

bona, de *Calvus-Mons,* de *Lingones* et d'*Arciaca,* sont celles de cette même ville à Troyes, à Chaumont, à Langres et à Arcis.

Sur la hauteur et dans les vignes qui tapissent le bas de la montagne Sainte-Germaine, le hasard de la pioche ou de la charrue a fait découvrir, à différentes époques, des pièces de monnaie portant l'empreinte d'un bœuf, des agrafes *(fibulæ),* des clefs antiques, des fers de lance, des dards, des haches d'armes, les fondations d'une forteresse et des portes revêtues et doublées de clous posés en lozanges, dont les têtes étaient taillées en forme de diamant; des lampes sépulcrales, des vases en bronze, des marmites en fer, des briques, et même, en 1271, des plaques de cheminée sans millésime portant un écu semé de fleurs de lis sans nombre (c'était les armes de nos rois jusqu'à Charles VI qui, en 1380, en réduisit le nombre à trois).

Il y a quelques années, on a encore trouvé sur le revers de cette montagne un fragment de bas-relief portant une inscription, mais tellement usée qu'il a été impossible de l'expliquer : on suppose qu'il

provient d'un tombeau, et, bien sûr, celui qui ferait pratiquer des fouilles y découvrirait une foule
d'objets curieux et intéressants pour notre histoire.

Dès le deuxième siècle de notre ère, l'Evangile fut
prêché dans les Gaules par saint Benigne et ses
deux compagnons, saint Thyrse et saint Andoche,
envoyés par saint Polycarpe, évêque de Smyrne et
disciple de saint Jean. En 180, ils plantèrent la
croix à Langres et à Dijon, et l'on suppose que ce
fut bientôt après que les Barsuraubois embrassè-
rent la religion chrétienne dans laquelle ils ont
constamment persisté sans aucun mélange d'hérésie.
Le paganisme continua cependant à régner jusque
sous Jovien qui, en 370, fit fermer les temples des
faux Dieux.

Il nous reste bien peu de vestiges de ces temps
anciens, si ce n'est la coutume où est encore le
peuple d'offrir tous les ans, par bonne étrenne, au
premier janvier, de petites branches de genièvre,
qu'on appelle du *bois neuf*, en criant : *Au bois neuf!*
comme pour annoncer l'année nouvelle et rappeler
le cri des Druides qui s'est encore conservé intact
dans certaines provinces.

On sait qu'une des plus célèbres cérémonies
de la religion des Gaulois était la récolte du
gui de chêne si vénéré de nos pères. Au deuxième jour de la lune de décembre, mois sacré pour
eux, les Druides, pieds nus et revêtus de leurs ha-
bits sacerdotaux, suivis des poètes, des musiciens
et de leurs initiés, se rendaient dans l'endroit le
plus sombre d'une forêt, où ils cueillaient, avec une
faucille d'or, le gui sur un chêne de trente ans;
puis, après l'avoir bénit, ils parcouraient les provinces en criant : *Au gui l'an neuf!* et le donnaient,
par bonne étrenne, au peuple et aux grands qui le
recevaient avec un saint respect et en mettaient à
leurs portes, de même que nos dévotes, aujourd'hui,
attachent à leur chevet soit du buis bénit le jour
des Rameaux , soit des couronnes bénites le jour de
la Fête-Dieu , usage qui probablement remonte à
cette époque , bien qu'il ait changé de motif et
d'objet.

Parmi les anciens usages, nous citerons encore
l'habitude d'offrir du pain et du vin aux messes
d'enterrement : Ainsi qu'au temps de la primitive

église, chaque femme va à l'offrande avec un pain
d'une livre placé sur une serviette blanche posée
sur le bras gauche, et tenant, de l'autre main, environ une bouteille de vin contenue dans un vase
d'étain en forme d'urne antique, et appelé *simarre*;
et la coutume des enfants d'aller, aux fêtes de Noël,
demander à leurs parents leur *cugneu* ou *cuigneu*,
gâteau ayant la figure d'un enfant, en mémoire de
la naissance du Sauveur du monde.

Autrefois quand le roi, le gouverneur de la province, l'évêque ou l'intendant traversaient la ville,
à la cérémonie de la présentation des clefs sur un
plat d'argent on ajoutait dix bouteilles de vin de
Bourgogne ou des Riceys contenues dans deux
grandes simarres, et on voit encore à la mairie,
dans la chambre du conseil, les deux qui ont servi
à offrir le vin à Louis XV, en 1744, lors de son
passage à Bar-sur-Aube.

Une autre coutume, mais beaucoup moins ancienne, c'est de sonner, chaque soir, pendant un
quart d'heure, du 1ᵉʳ octobre au 1ᵉʳ avril, une
cloche de l'église Saint-Pierre appelée *Couvre-feu*.

Des maisons bâties en bois, la manière de nos
pères de s'éclairer au moyen de morceaux de bois
enflammés, obligeaient à prendre de grandes précautions : telle est l'origine probable de cet usage
qui a survécu aux circonstances qui l'avaient fait
naître. D'autres ont pensé qu'il remontait plus haut,
et avait eu pour but d'offrir un point de ralliement
dans un temps où, faute de chemins, le voyageur
courait risque de s'égarer. Peut-être encore est-ce
une imitation du *Couvre — feu* de Guillaume-le-
Conquérant qui, pour prévenir les complots, défendit
à ses sujets d'avoir chez eux ni feu ni clarté passé
huit heures du soir.

L'une et l'autre de ces explications est admissi-
ble, mais qui nous expliquera l'origine du *Baptême
de l'Huguenote?*

La première fois que l'on sonne le *Couvre-feu*
on met, par exception, toutes les cloches en branle,
et à ceux qui demandent la cause de tout ce tinta-
marre on répond : *C'est le Baptême de l'Huguenote;*
et, si la curiosité vous conduit du côté de l'église,
vous trouvez des gens apostés qui se jettent sur

vous en poussant de grands cris, vous barbouillent
la figure de noir de fumée, et prennent la fuite
avant que vous ne soyez revenu de votre surprise.

Le dernier jour, on sonne aussi toutes les cloches, mais cette fois par manière d'adieu. On les
sonnait également autrefois lors de la prononciation
des jugements des criminels.

La fête des Rois donne lieu à quelques cérémonies que l'on retrouve ailleurs avec quelques varian-
tes : la première part de gâteau est mise de côté,
on l'appelle *la part à Dieu*, et les pauvres, considé-
rés en cette circonstance comme ses représentants,
viennent la réclamer en chantant les paroles suivantes :

Ah! saint Michel, archange,
Saints anges du Paradis,
Ecoutez ces pauvres âmes
Qui crient à Dieu merci!

Pauvre âme, là dolente,
Qu'as-tu fait dans ton temps?
As-tu chauffé les pauvres,
As-tu vêtu les nuds,
As-tu donné l'aumône
En l'honneur de Jésus?

J'ai ni chauffé les pauvres,
J'ai ni vêtu les nuds,
J'ai ni donné l'aumône
En l'honneur de Jésus.

Si jamais je retourne
Au pays où je fus,
Je chaufferai les pauvres,
Je vêtirai les nuds,
Je donnerai l'aumône
En l'honneur de Jésus.

La part à Dieu s'il vous plait!!!

Lors des fêtes publiques, le maire et les échevins portaient chacun un flambeau pour allumer les feux de joie, et la ville fournissait six lampions au maire, quatre à chaque échevin, et deux à tous les notables ainsi qu'aux officiers des compagnies bourgeoises; la fête se terminait par des feux d'artifice et de nombreuses distributions de pain et de vin aux pauvres et aux sonneurs.

Une chose curieuse, qui mérite d'être signalée, quoique depuis 1778 elle n'existe plus, mais dont nos anciens ont conservé le souvenir, c'est le droit qu'avait le bourreau de Chaumont de percevoir à

Bar-sur-Aube, les deux jours de foire, et les veilles de la Pentecôte et de la Toussaint, un droit de *havage* (r) sur chaque marchand forain , c'est-à-dire un ou deux sous, suivant la grandeur ou le poids, ou bien une poignée de grain par sac, un œuf par panier, et de même pour le beurre, le fil , le chanvre, toutes les denrées enfin qui se vendaient sur le marché. Ce droit était, en outre, doublé toutes les fois qu'il venait à Bar-sur-Aube pour une exécution.

Plusieurs fois, les exécuteurs des hautes-œuvres tentèrent d'user de ce droit tous les jours de marché, mais, par une sentence de 1763, il leur fut ordonné de se restreindre aux jours indiqués et de se conformer au tarif arrêté en 1739, par le lieutenant criminel de Chaumont.

Non-seulement on est religieux à Bar-sur-Aube , ce qui est un bien ; on y est même un peu supersticieux : ainsi, on y consacre au *blanc* ou au *bleu* les enfants faibles, pour leur conserver la vie ; et , le jour de la Saint-Roch, on fait bénir du pain que l'on mange et que l'on fait manger aux siens, et de l'herbe et du grain que l'on donne aux bestiaux , pour préserver eux et soi-même de la peste. Le vendredi est considéré comme un jour de malheur, et l'on croit que les œufs du vendredi-saint guérissent de la fièvre. La croyance aux revenants, aux sorciers, commence à vieillir; mais il y a encore aux environs quelques fontaines miraculeuses, telles que la fontaine Sainte-Germaine, dont on fait boire l'eau aux malades dans l'assurance d'obtenir leur guérison.

Les processions, abolies dans les grandes cités, sortent encore quelquefois les jours de fête, mais toujours pour la Fête-Dieu. Ce jour-là d'élégants reposoirs s'élèvent dans chaque quartier ; on tient à honneur d'avoir le plus beau ! les rues sont bordées de draps blancs ornés de fleurs , et le chemin est jonché de feuillages et de fidèles agenouillés pour recevoir la bénédiction du Saint-Sacrement.

Au cinquième siècle, lors de l'irruption des Barbares, qui, franchissant le Rhin , inondèrent l'empire d'Occident et vinrent porter la désolation et la mort dans nos riches contrées, où bientôt l'igno-

rance succéda à la civilisation, Bar-sur Aube eut
beaucoup à souffrir.

En 448, cette ville passa sous la domination
franque, lorsque les Francs, peuple chasseur originaire des côtes occidentales de la Tartarie, sous la
conduite de Mérovée, pénétrèrent plus avant dans
les Gaules et s'emparèrent de la Champagne et de la
Lorraine, après avoir chassé ou asservi les Romains.
Mais notre histoire, encore bien obscure, ne commence à s'éclaircir un peu qu'en 451, à la lueur
des brasiers d'Attila, ce féroce roi des Huns, qui,
sorti des confins de la Tartarie, ravagea nos contrées
et mit notre ville et tout son territoire à feu et à
sang.

Après avoir porté la terreur jusque sous les murs
de Constantinople, dont les empereurs mêmes lui
payaient tribut, ce conquérant farouche, qui se glo-
rifiait du titre de *Fléau de Dieu*, devenu seul roi
des Huns par le massacre de son frère Bléda, indé-
cis d'abord de quel côté il tournerait ses armes,
résolut, à la tête de cinq cent mille hommes,
de s'emparer de la Gaule, et de la partager

entre les différentes nations qui l'avaient suivi. Le
moment était favorable, la division régnait entre les
chefs des diverses provinces, et ses intelligences avec
Genséric, roi des Vandales, avec Sangibanus, roi
des Alains, qui lui avait promis de lui livrer
Orléans, lui faisaient considérer cette entreprise
comme très-facile.

La marche d'Attila fut celle d'un torrent dévas-
tateur, tout succomba devant lui, et, du Rhin
jusqu'à la Loire, le fer et la flamme marquèrent
partout son passage : Strasbourg, Mayence, Trèves,
Metz, Reims, Auxerre, etc., éprouvèrent tour-à-
tour les effets de sa fureur; mais Orléans ayant
trompé son espoir, il fut contraint d'en former le
siège, ce qui donna à Ætius, célèbre général romain,
le temps deformer une ligue contre lui et de rassem-
bler une puissante armée, dont les principaux chefs
étaient Mérovée, Théodoric, roi des Visigots (s),
Gondicaire, roi des Bourguignons, et le traître
Sangibanus.

Attaqué à l'improviste, Attila se hâta de lever le
siège, mais, atteint par les confédérés dans les

plaines de Châlons-sur-Marne, il éprouva une défaite complète : 300,000 hommes, dit-on, restèrent sur le champ de bataille. Furieux, dans sa
fuite, il ravagea la Champagne, et la ville deTroyes
échappa seule au pillage, grâce aux prières de
saint Loup, son évêque.

Arrivé près de Bar-sur-Aube, et trouvant la position favorable, il campa quelques jours sur la
montagne qui avoisine la ville, la ravagea, mit à
contribution les habitants, et fit trancher la tête à
sainte Germaine, jeune vierge qui refusa de partager
sa couche. Ensuite, il regagna la Pannonie où,
après de nouveaux ravages, il mourut, l'année suivante, au milieu des orgies d'un festin.

Voici, sur sainte Germaine et son culte, ce
que nous ont conservé l'histoire et la tradition.

Sur la montagne au pied de laquelle est bâtie
Bar-sur-Aube, vivait une jeune vierge nommée
Germaine. Formée à la vertu par son père, saint
vieillard dont elle était l'unique enfant, elle avait,
bien jeune encore, consacré à Dieu sa virginité. A
part ses visites à sainte Honorée, sa cousine, vierge

comme elle, et qui demeurait où fut depuis bâti l'hôpital Saint-Nicolas, le détail de ses actions est peu connu. On sait seulement que, par humilité, elle s'était chargée de préparer des aliments et de fournir, à des ouvriers qui bâtissaient ou réparaient une église sur la montagne, de l'eau qu'elle allait puiser sur le chemin du village de Fontaine, à une source qui, de temps immémorial, porte son nom, ainsi que la montagne elle-même. C'est pourquoi elle est représentée portant une cruche de chaque main.

Sa foi, dit la chronique, était si grande, qu'un de ses vases s'étant brisé, on lui jeta par raillerie un vieux crible, en lui disant de continuer son service, elle le releva, le remplit d'eau et le porta sans qu'il s'en répandît une seule goutte.

Dans un de ses voyages à la fontaine, elle fit rencontre de quelques soldats d'Attila ; ils l'arrêtèrent et la conduisirent à leur chef qui, frappé de sa beauté, voulut en faire son épouse ; mais, sur son refus de se rendre à ses désirs, il la livra au bourreau, qui lui trancha la tête le 19 janvier 452, jour où l'on célèbre sa fête.

Son corps, recueilli par les chrétiens, fut enseveli sur le lieu même de son triomphe, et quelques cabanes, qui, plus tard, formèrent le village de *Sainte-Germaine*, se groupèrent autour de son tombeau qui bientôt devint un pèlerinage fameux.

Au dixième siècle, des Bénédictins du monastère de Saint-Claude s'établirent sur la montagne, et fondèrent un couvent et une chapelle sous l'invocation de saint Etienne, patron du comte Etienne de Champagne, leur protecteur. Mais en 1076, après la fondation du prieuré par le bienheureux Simon, comte de Bar-sur-Aube, ils élevèrent sur les ruines de cette chapelle une église spacieuse dont la dédicace fut faite, le premier dimanche du mois de mai de la même année, par Reynard 53ᵐᵉ évêque de Langres, sous l'invocation de sainte Germaine, dont le couvent prit alors le nom, et où ils transportèrent solennellement ses reliques. Cette translation eut lieu le premier octobre, et cet objet particulier de la vénération des habitants donna un tel relief aux bons religieux, que bientôt on leur confia la direction de la paroisse Sainte-Germaine qui se composait, en outre, des hameaux de Fontaine et de Proverville.

Le premier pasteur de cette communauté fut le vénérable Etienne, fils du comte de Reynel, qui s'associa à la conversion du comte Simon (*Risnelnensis Com. Sim. in conversione socius*). — En 1085, il fut transféré à l'abbaye de Bèze (*Abbatia berversis*).

En 1085, il y avait dans ce prieuré six autres religieux suivant la règle de saint Benoît, dont les biens et les priviléges furent confirmés en 1131, par Hugues, comte de Troyes et de Bar-sur-Aube; en 1249, par Thibaut IV, et au mois de septembre 1310, par le roi Louis X, fils de Philippe-le-Bel, auquel il ne succéda qu'en 1314, mais qui avait hérité en 1308, par Jeanne, sa mère, du royaume de Navarre et du comté de Champagne.

Ces faits, puisés dans la chronique du diocèse de Troyes, résultent d'une inscription latine gravée par les soins de François Odelin, prêtre, sacristain de ce prieuré, sur un tableau placé dans l'église Sainte Germaine, et qui commençait ainsi :

Ad perpetuam rei memoriam,
Anno salutis 1076, fundatus est hic prioratus, etc.

Enfin, les communautés de Bénédictins devinrent si nombreuses, qu'au XVIIᵉ siècle le gouvernement se vit dans l'obligation d'en supprimer un
grandnombre. — C'étaient des prieurs qui jouissaient des revenus affectés à l'entretien des couvents
supprimés.

En 1380, le village de Sainte-Germaine fut entièrement détruit par les Anglais, l'église et le couvent, protégés par leurs fortifications, échappèrent
seuls au pillage, et les habitants, qui manquaient
d'eau sur la montagne, abandonnèrent leurs maisons en cendres et se réfugièrent à Proverville qui,
cent ans après, fut érigé en paroisse, dont Sainte-
Germaine et Fontaine devinrent alors les succur-
sales, et, près de l'église, on bâtit une habitation
pour le fermier du couvent, le seul qui eut et ait
encore conservé un logement sur la montagne :
l'église de Sainte-Germaine ne cessa point cependant
d'être l'église-mère où l'on s'assemblait les jours
de grande fête. Pour ce qui est du couvent, le nombre des religieux diminua chaque année, si bien
qu'au XVIᵉ siècle il n'y en avait déjà plus, et que

le prieuré était devenu un simple bénéfice, dont le titulaire, qui joignait à ce titre celui de prieur de Saint-Pierre, resta jusqu'à nos jours en possession de la seigneurie, de l'église et de la relique de sainte Germaine.

Le territoire de Sainte-Germaine était distinct et séparé du finage de Bar-sur-Aube, et les vins récoltés sur ce fief n'étaient point assujettis aux droits d'entrée : ainsi jugé par la Cour des Aides de Paris, en 1763 ; et le prieur, en sa qualité de seigneur, jouissait d'une partie des dîmes, dont l'autre moitié était perçue par le chapitre de Saint-Maclou, qui avait la desserte de la cure de Proverville.

Le corps de sainte Germaine était déposé dans une châsse sur l'autel de l'église sur la montagne ; son chef, renfermé dans une figure en argent, était dans l'église de Saint-Maclou. A l'époque de la Révolution, ce chef, ainsi que celui de sainte Honorée, furent brûlés sur la place de Saint-Maclou. Quant aux reliques restées sur la montagne, le vicaire de Fontaine eut le courage d'en aller dérober une grande partie avant l'arrivée des

ANCIENNE CHAPELLE STᵉ GERMAINE

municipaux de Bar-sur-Aube , et c'est grâce à
son dévouement qu'on a pu les conserver. Il les a
réparties entre les églises de Bar-sur-Aube et de
Fontaine. Une petite portion a été déposée dans une
châsse sur la montagne.

L'église , avec toutes ses dépendances , fut vendue et démolie. Plus tard , sur son emplacement,
on rebâtit, toujours sous l'invocation de sainte
Germaine , une chapelle dans laquelle , en 1846,
on a enterré le brave général Vouillemont qui, par
son testament du 6 août 1836 , en a fait don à
l'hôpital Saint-Nicolas , et où, le 19 janvier et le
1er mai , on célèbre deux offices de fondation toujours très-suivis, de même que les messes particulières que l'on y chante dans le courant de l'année,
car la mémoire de cette sainte est, maintenant encore, en grande vénération parmi les habitants de
Bar-sur-Aube qui l'ont choisie pour leur patronne, et qui lui attribuent d'avoir été préservés
de l'incendie en 1814 et du choléra en 1832 :
aussi, en reconnaissance , en 1837 , ils ont fondé,
dans l'église Saint-Pierre, une confrérie sous son
nom.

Autrefois, dans toutes les calamités publiques :
sécheresses, orages, grandes pluies, etc., on avait
recours à sainte Germaine et à sainte Honorée,
comme le prouvent une foule de délibérations contenues dans les archives de la ville; et un exemple
entre mille fournira la preuve de la confiance illi-
mitée que l'on avait en leur puissante intercession :

Des réparations à faire à Saint-Maclou, dans le
commencement du XVIIIᵉ siècle, avaient nécessité le déplacement des chefs des deux saintes qui y
étaient déposés : on les avait portés dans la rue
Saint-Aubin, chez Mᵐᵉ Sarcelle. Le feu prit à une
maison dont la sienne n'était séparée que par la
petite ruelle de Paris, et le vent, qui poussait les
flammes de son côté, donnait tout à craindre; cependant, cette dame ne voulut point déménager.
Pendant tout le temps que dura l'incendie, elle
resta en prières près de l'autel où les reliques avaient
été déposées, et, soit hasard, soit miracle, sa maison
n'eut aucun mal.

Lorsque les habitants demandaient l'exposition
des reliques de ces deux saintes, la ville nommait

un député pour prier M. le Syndic de Saint-Maclou
d'assembler son corps ; et quand le jour était fixé,
toutes les autorités et les communautés des R. P.
Cordeliers et Capucins, précédées de la compagnie
de l'Arquebuse sous les armes, des seuls officiers de
la milice bourgeoise (cette compagnie ne devait
point sortir de la ville en armes), et des sergents
de ville et de quartier, assistaient à cette cérémonie annoncée la veille par le son des cloches, des
fifres et des tambours

On allait prendre les chefs à Saint-Maclou, ensuite on se rendait processionnellement à Sainte-
Germaine, et l'on descendait la châsse qui était
reportée avec la même pompe, après être restée
pendant quelques jours dans l'église Saint-Maclou,
exposée à la vénération des fidèles.

La même cérémonie avait lieu en signe de remer-
ciement, quand on croyait avoir obtenu ce que l'on
avait demandé, ou lorsqu'on avait des actions de
grâces à rendre pour un bonheur public : une naissance de prince, une victoire, etc. ; et, chaque
année, le 19 janvier, le corps de ville nommait une

députation pour assister à la grand'messe que l'on célébrait en son honneur , le jour de sa fête.

Parmi les nombreux miracles qu'on lui attribue, Beaugier raconte qu'un soldat du régiment de la Cardonnière ayant dit en regardant un tableau où elle était représentée ses deux cruches à la main : *Voilà une belle ivrognesse !* fut aussitôt pris par la fièvre qui ne le quitta que deux mois après , lorsqu'il eut reconnu sa faute et imploré son pardon.

On montre encore la place où sainte Germaine reçut la couronne du martyre. A cette place, qui fut pendant longtemps entretenue dans un état de stérilité complet par la superstition des jeunes filles qui allaient y enfouir des épingles , dans l'espoir d'obtenir un mari dans l'année, et par les enfants qui allaient ensuite remuer la terre pour les trouver, s'élève une croix de fer posée en 1840, sur la base de laquelle on lit cette inscription :

IN HOC IPSO LOCO ,
B. VIRGINEM GERMANAM ,
CHRISTI MARTYREM,
OCCUBUISSE ,
JAM INDÈ A PRINCIPIO REI
TRADITUM (*t*).

Au-delà du pont d'Aube, il y avait encore une petite église bâtie vers le XIIIe siècle, connue sous le nom de *Petite-Sainte-Germaine* ; mais depuis la révolution elle n'existe plus et un pressoir s'élève maintenant à la place qu'elle occupait.

Les incrédules, qui doutent de tout, prétendent que les reliques que nous possédons furent apportées de Constantinople aux foires de Champagne, par un juif portugais, sous le règne de Philippe 1er, roi de France, en 1060 ; et encore que le cardinal de Bar, né à Bar-sur-Aube et doyen du chapitre de cette ville, devenu archevêque de Cologne, ayant envoyé à la cathédrale de Langres et à la collégiale de Bar-sur-Aube des reliques de sainte Ursule, elle fut appelée *Germana* ou *Germaine* parce qu'elle venait d'Allemagne ou Germanie (*Famæ rerum standum est*).

Sainte Germaine n'est point mentionnée au *Martyrologe* ni dans aucun *Calendrier*, mais elle est comprise dans la légende du *Bréviaire de Langres*.

On place vers la même époque la fondation de la ville de Vendeuvres (*Vandalorum Opera*) par les

Vandales , barbares venus des côtes de la mer Bal—
tique et détruits par Bélisaire en 532.

> *Quam quondam Vandala pubes*
> *Struxit, ut historia et veterum monimenta loquuntur.*
> *Hinc et Vandoperæ facta adpellatio terræ* (u).

(BOURBON.)

Chapitre Cinq.

Childéric Ier à Bar-sur-Aube. Invasion des Normands. Comtes de
Bar-sur-Aube : Hérard, 1er comte; fondation du couvent de
Sainte-Germaine. Notcher, 2e comte; Bar-sur-Aube clos de
murs, forteresse de Lamotte, le Châtelet. Adélaïde, 3e com-
tesse. Saint Simon, 4e comte, fondateur de l'hospice Saint-
Nicolas. Adèle, 5e et dernière comtesse.

Childéric 1er, fils de Mérovée, apporta sur le
trône une coupable légéreté. Révoltés du dérégle-
ment de ses mœurs, ses sujets se liguèrent pour le
détrôner et élurent à sa place Egidius ou Gillon,
commandant pour les Romains dans les Gaules.
Pour échapper à la mort, il fut obligé de se réfugier chez Bazin, roi de Thuringe, son allié ; mais
en 464, après quatre années d'exil, il put rentrer
dans ses états, grâce à l'adresse de Guyemans,

sujet fidèle qui , en son absence , avait préparé les esprits. Lorsqu'il fut sûr de son résultat , il lui fit passer la moitié d'une pièce d'or , signe convenu entre eux. Childéric alors revint en France , et Guyemans, accompagné des principaux chefs, alla à sa rencontre jusqu'à Bar-sur-Aube , *apud Castrum Barrum occurrit.* (Quelques-uns disent Bar-sur-Seine , mais nous croyons, avec le plus grand nombre, qu'il vaut mieux lire Bar-sur-Aube, cette ville faisant alors partie du domaine de la couronne.) Et à la prière de son ami, en mémoire de cet heureux événement, le roi fit remise aux habitants, *Barrensibus*, d'une partie des impôts. Une seule bataille décida entre les deux prétendants : Egidius fut battu et Childéric remonta sur le trône d'où ses galanteries l'avaient précipité. Ce ne lui fut cependant point une leçon bien profitable , car Basine , l'épouse du roi qui lui avait donné asile, ayant quitté son mari pour le suivre, il l'épousa, et de cette union scandaleuse naquit le grand Clovis en 466.

Clovis affermit la domination des Francs dans les

Gaules, et distribua aux compagnons de ses victoires les terres des vaincus. A sa mort, en 511, ses quatre fils se partagèrent ses vastes états, et Bar-sur-Aube, avec le reste de la Champagne, incorporés dans le royaume de Metz ou d'Austrasie, échurent à Thierry 1er, fils d'une concubine et âgé de vingt-six ans. Ses successeurs furent Théodebert, Théodebald, puis Clotaire 1er, roi de Soissons, qui, en 553, réunit sur sa tête toutes les parties du royaume de France. Il mourut en 562 ; ses quatre fils divisèrent de nouveau la monarchie, et Sigebert 1er devint alors roi de France et maître du Barrois.

C'est sous ce règne où, pour la première fois, il est parlé dans l'histoire des *Ducs de Champagne*. Le premier dont il soit fait mention est *Loup*, ministre et général de Sigebert. On ignore si le roi lui avait confié ce poste important ou s'il l'avait usurpé, car, à cette époque, les ducs n'étaient pas encore souverains indépendants, mais seulement gouverneurs militaires pour le roi (*duces*). Après l'assassinat de Sigebert, Loup resta attaché à Brune-

hauld et aida Childebert II à remonter sur le trône
de son père, dont Chilpéric, roi de Soissons, avait
voulu s'emparer.

Ses successeurs connus sont : *Amalon,* qui périt
sous les coups d'une nouvelle Judith; le traître
Wintrio ; *Jean*, fils de Loup ; *Wimar* ; *Drogon*,
fils de Pépin d'Héristhal ; le juste *Grimoald*, frère
de Drogon, mort assassiné; puis enfin *Théodebald*,
bâtard de Grimoald, que Pépin, depuis roi de
France, fit arrêter et mourir en 741, pour se dé-
livrer d'un concurrent.

L'histoire de Bar-sur-Aube, et même de la
Champagne, sous la seconde race, est fort obscure
et très-peu connue.

En 760, Pépin supprima le titre de patrice,
qu'il remplaça par celui de comte, et divisa la
Champagne en différents comtés, parmi lesquels on
voit figurer celui de Bar-sur-Aube qui, peu après,
suivant quelques auteurs, fut donné en patrimoine
aux évêques de Langres dont le domaine était déjà
fort étendu, et qui, pour se maintenir contre leurs
voisins, s'étaient acquis pour vassaux les seigneurs

les plus qualifiés du royaume, c'est de là , *peut-être*, disent-ils, que sont sortis les comtes particuliers de Bar-sur-Aube, et c'est à cause de ce fief, ainsi que pour ceux de Laferté , Bar-sur-Seine, Chaumont, Nogent et Montigny, que , plus tard , les comtes de Champagne reconnurent ces prélats pour leurs suzerains.

Faute de preuves historiques , nous ne discuterons point cette origine , mais nous profiterons de cette occasion pour dire quelles étaient les fonctions de ces grands dignitaires : lieutenants du roi, ils administraient et faisaient battre monnaie en son nom ; tout ce qui concernait le domaine royal , la justice, la police, les finances, était de leur ressort ; ils étaient chargés des levées d'hommes et d'argent, et nommaient aux emplois.

Charlemagne et Carloman succédèrent à Pépin , leur père, en 768. Charlemagne eut l'Austrasie, dont dépendaient la Champagne et le Barrois ; mais bientôt la mort de son frère le rendit seul maître de la monarchie.

Dans le partage que Louis-le-Débonnaire fit , en

837, de ses états entre ses enfants, *la Chronique de Saint-Bertin* dit que Charles-le-Chauve .obtint, entre autres pays , Bar-sur-Aube , Bar-sur-Seine, Troyes et Brienne, *utrosque Barrenses , Tricassinum, Brionnensem* , etc.

Ce partage impolitique affaiblit l'autorité royale et occasionna une révolution, dont profitèrent les grands vassaux de la couronne pour se rendre indépendants et perpétuer dans leurs maisons un pouvoir et des titres que, jusque là, ils n'avaient possédés qu'à vie, et , ayant également usurpé les terres et la justice , ils s'érigèrent eux-mêmes en propriétaires des lieux dont ils n'étaient que les magistrats , prirent le nom de *Seigneur* (senior) , nom affecté aux anciens du Sénat romain , s'attribuèrent tous les droits royaux, et bientôt le royaume, troublé par leur ambition , fut en proie à la guerre civile et à l'anarchie.

Telle fut l'origine des fiefs. Ainsi s'établit dans l'état un nouveau genre d'autorité auquel on donna le nom de *Suzeraineté* , et, avec elle, commença la noblesse ignorée en France jusqu'à cette époque. En

sorte que ce fut la possession des terres qui fit les
nobles, parce qu'elle leur donna des espèces de
sujets appelés *vassaux*, qui s'en donnèrent à leur
tour par des *sous-inféodations*, et ce droit de seigneurie fut tel que, dans certains cas, ils étaient
obligés de les suivre à la guerre contre le roi lui-
même. Le service militaire fut aussi une autre
source de noblesse, et, en France, les aînés
seuls furent admis à succéder aux fiefs, pour
conserver aux familles leur première illustration.

Trop faibles pour soumettre les grands vassaux, les souverains furent obligés de se con-
tenter de leur stérile hommage, et Hugues-Capet,
chef de la troisième race, légitima leurs usurpa-
tions, en s'emparant lui-même, en 987, du trône
des Carlovingiens. Politique habile, il confirma
leurs privilèges pour consolider sa puissance encore
mal affermie.

C'est ainsi que les Comtes ou gouverneurs de
Champagne se rendirent indépendants, et bientôt
leur autorité égala celle des rois, avec lesquels ils
soutinrent des guerres ou formèrent des alliances,

selon qu'ils y trouvaient un plus grand intérêt. Leur séjour le plus ordinaire était la ville de Troyes qui semble avoir été dès-lors leur capitale , et dont ils ont d'abord porté le nom.

En 889 , les Normands pénétrèrent en Champagne , ravagèrent Bar-sur-Aube , ruinèrent ses fortifications , et mirent tout sur leur passage à feu et à sang.

En 911 , nouvelle invasion des Normands en Champagne. A leur approche, les populations effrayées s'enfuient dans les bois ou se réfugient dans les villes , et, encore une fois, les cultivateurs voisins vinrent cacher leurs récoltes dans la citadelle de Bar-sur-Aube , pour les soustraire à la dévastation. Alors Angésille , évêque de Troyes , fait un appel aux armes , et, réuni à l'évêque de Langres et aux comtes de Sens et de Dijon , il marche à leur rencontre, et les Normands sont mis en déroute après un combat sanglant livré entre Bar-sur-Aube et Chaumont , dans lequel le comte de Sens fut pris et tué et l'évêque Angésille dangereusement blessé.

Le premier comte héréditaire de Champagne fut HERBERT II, comte de Vermandois, qui, en 923, s'empara de Troyes, de Bar-sur-Aube, ainsi que des autres villes de la province, il prit le titre de *Comte de Troyes et de Meaux* et le nom d'HERBERT Ier. Sa naissance était illustre : il était fils d'Herbert Ier, comte de Vermandois, petit-fils de Charlemagne, et avait épousé Hildebrande, fille de Robert, duc de France et comte de Paris.

Il suivit le parti de l'usurpateur Raoul contre Charles-le-Simple qui, en 929, mourut à Péronne son prisonnier. Plus tard, néanmoins, par les bons offices de Hugues-le-Grand, son beau-frère, il se réconcilia avec Louis d'Outremer, le fils de sa victime, et même l'un de ses fils épousa sa veuve la reine Ogine.

Ce prince, appelé par les écrivains de son temps *iniquorum et infidelium nequissimus*, et à qui ses révoltes continuelles et ses perfidies ont acquis une triste célébrité, mourut à Saint-Quentin, en 943, dans le désespoir, répétant sans cesse : *Nous étions douze qui trahîmes le roi Charles.*

HÉRARD,

PREMIER COMTE DE BAR-SUR-AUBE.

Après la mort d'Herbert, ses enfants possédèrent d'abord en commun les grandes séigneuries de leur père jusqu'en 946, qu'ils en firent le partage entre eux, par l'avis de Hugues-le-Grand, leur oncle maternel.

La ville de Bar-sur-Aube échut en partage à *Hérard*, l'un de ses cinq fils, avec une vaste étendue de terrain rempli de vallées fertiles, connu depuis sous le nom de *Vallage*, et dont Bar-sur-Aube devint la capitale en même temps que le chef-lieu d'un comté considérable, mais dont on ne connaît pas précisément les limites. On sait seulement que le rendez-vous de chasse autour duquel fut depuis bâtie la ville de Chaumont en dépendait ainsi que la terre de Château-Vilain.

HÉRARD fut le premier comte titulaire de Bar-sur-Aube.

C'est de son temps que fut fondé le couvent de Sainte-Germaine. Des religieux sortis du couvent de Saint-Oyend ou Eugende (depuis Saint-Claude) dans le Jura, ayant témoigné le désir de s'établir dans le pays, non-seulement Hérard les accueillit avec bienveillance, mais, à la prière d'Etienne, son neveu, depuis comte de Champagne, il leur accorda un lieu pour bâtir et leur donna, en outre, assez de terrain pour suffire à tous leurs besoins.

Ces religieux élevèrent alors sur le haut de la montagne un couvent et une chapelle que, d'abord, par reconnaissance des bons offices du neveu d'Hérard, ils dédièrent à saint Etienne, son patron, mais, moins d'un siècle après, à ce nom ils substituèrent celui de sainte Germaine, pour complaire aux populations au milieu desquelles ils demeuraient.

En 1008, ils obtinrent d'un évêque de Langres, par la protection du comte Eudes, la desserte de la paroisse de Saint-Pierre, avec les dîmes et les revenus en dépendant, et, jusqu'en 1095, l'abbaye de Saint-Claude envoya des religieux pour desservir cette cure; mais, en cette année, le concile de Clermont en Auvergne ayant décidé que la vie retirée dont les moines faisaient profession ne s'accordait point avec les soins multipliés du ministère pastoral, et leur ayant fait défense de sortir de leur cloître, il intervint une déclaration du roi Philippe Ier, qui leur enjoignit de commettre des prêtres séculiers pour administrer en leur nom les bénéfices curiaux dont ils étaient collateurs ; ils nommèrent alors un recteur à qui ils abandonnèrent les dîmes et une partie des revenus et des oblations, se réservant seulement certains offices, en leur qualité de prieur et de curé primitif.

Dans la suite il s'éleva entre eux, au sujet du casuel, de grandes contestations, que saint Bernard, l'oracle de son temps, délégué de l'évêque de Langres qui était alors à la Croisade, termina, en 1148, par sa simple intervention.

NOTCHER,

DEUXIÈME COMTE DE BAR-SUR-AUBE.

NOTCHER, deuxième comte de Bar-sur-Aube, succéda à Hérard. On ignore de qui il était fils :

on le dit neveu de Foulques, 42e évêque de Soissons, de l'illustre famille des comtes d'Anjou ; et
même, suivant une note tirée des Archives de la
ville, il serait le premier comte de Bar-sur-Aube,
et seulement encore comme vassal de l'évêque de
Langres, ce qui serait en rapport avec ce que nous
avons dit précédemment.

Il ajouta quelques fortifications nouvelles à sa
ville capitale, et, vers 980, il fit clore d'une muraille de six pieds d'épaisseur et de vingt pieds de
haut la partie située sur la rive droite de l'Aube et
y fit pratiquer quatre portes avec des ponts-levis ;
fit élever des tours, élargir les fossés auxquels il
donna quatre-vingts pieds de largeur sur vingt-cinq
de profondeur, et les remplit avec les eaux de la
rivière d'Aube et du ruisseau de la Dhuy. En outre, il fit construire, dans l'intérieur de la ville, un
château pour sa résidence, et, en dehors des murs,
des corps de garde avancés, un chemin couvert et
une forteresse assise sur le bord de l'eau, qui depuis
servit de pied-à-terre aux comtes de Champagne
lorsqu'ils allaient chasser dans le Bassigny. De cette

forteresse appelée *La Motte*, ruinée à la fin des guerres avec les ducs de Bourgogne, il ne reste plus d'autres vestiges qu'une hauteur portant encore le même nom.

L'autre partie de la ville, située sur la rive gauche de l'Aube et dite la *Ville Haute*, était déjà défendue par un fossé profond et protégée par un château-fort placé sur la croupe de la montagne Sainte-Germaine, dans un endroit connu aujourd'hui sous le nom de *Châtelet*. Il la fit entourer d'une muraille et fit fermer l'entrée du chemin qui conduisait à la forteresse de La Motte par une grille de fer qui a donné son nom à une contrée de vignes.

Cette partie de la ville, qui a entièrement disparu, comprenait les rues du Château, des Tueries, de Pisserot, de la Grève, de Fromentelle, des Buats et de la Croisette, actuellement remplacées par des vignes et des vergers connus encore sous les mêmes appellations.

Un pont de dix-sept arches, construit en face la porte du château-fort, et auquel on abordait par

LES RUINES DU CHÂTEAU.

les rues du Château, de Potat et d'Avallon, servait
à entretenir la communication entre les deux parties de la ville : les pierres provenant de ses ruines
ont servi , en 1722, à reconstruire la grosse tour
du clocher de Saint-Pierre détruite par le feu du
ciel.

En 1005, Notcher, avec son frère Bérold,
44ᵉ évêque de Soissons, avait assisté au siège d'A-
vallon, que faisait le roi Robert, et sous son règne
la famine la plus horrible dévasta la France et
particulièrement la Champagne.

Il mourut en 1018 ou 25 et fut inhumé dans
l'église Saint-Pierre , dans une chapelle collatérale,
à droite du chœur. Sa tombe a été, depuis quelques
années, recouverte par un parquet.

ADÉLAIDE,

TROISIÈME COMTESSE DE BAR-SUR-AUBE

ALIX ou ADÉLAIDE , fille unique de Notcher,
née de son mariage avec une princesse de Bour-

gogne, lui succéda et fut la troisième comtesse de Bar-sur-Aube. Elle mourut dans cette ville et fut enterrée dans la nef de l'église Saint-Pierre, au pied du Crucifix. Sa tombe, transportée depuis au bout de l'église, contre le gros mur du collatéral, a été détruite à l'époque de la Révolution.

De son mariage avec *Raoul II* de Péronne, comte de Crespy et de Valois, naquirent trois enfants : Gauthier de Valois mort jeune et sans alliance, et Simon et Adèle qui lui succédèrent.

SAINT SIMON,

QUATRIÈME COMTE DE BAR-SUR-AUBE.

SIMON, d'abord comte de Crespy et de Valois, naquit dans la ville de Bar-sur-Aube dont, par la mort de sa mère, il devint ensuite le quatrième comte.

Ce seigneur riche et puissant, après avoir brillé à la cour de France et à celle d'Angleterre, frappé tout-à-coup du néant des grandeurs et de l'instabi-

lité des choses humaines, résolut de quitter le monde
pour se consacrer entièrement à Dieu. Selon quelques-uns, la mort d'une épouse chérie lui avait ins-
piré cette résolution ; suivant le plus grand nombre,
au contraire, cette idée le poursuivait depuis longtemps, et ses amis, afin de l'en détourner, voulurent
lui faire épouser *Judith*, fille de Robert II, comte
d'Auvergne, mais envain. La nuit même des noces,
les deux époux convinrent de se séparer et d'em-
brasser la vie monastique. En 1075, Judith se fit
religieuse au monastère de la Veau-Dieu sur le
mont Jura, et Simon, avec un grand nombre de
personnes de qualité, se retira au couvent de Saint-
Claude en Franche-Comté.

Depuis son entrée en religion, le comte Simon
fonda un grand nombre de prieurés, tous autorisés
par Reynard, 52ᵉ évêque de Langres, en faveur de
ses frères de Bar-sur-Aube, entre autres celui de
Sainte-Germaine, qu'il donna à Robert, fils du duc
de Bourgogne Robert Iᵉʳ, dit le Vieux, son compa-
gnon de conversion, et celui de l'église Saint-Pierre
à Bar-sur-Aube ; il fonda encore ceux de Laferté

(1076), de Sylvarouvres, de Latrecey, de Saint-
Léger-sous-Brienne, de Cunfin, de Montier-en-Isle
et de Sermoise. Il concéda, en outre, aux religieux
de Sainte-Germaine la seigneurie de la montagne
sur laquelle était bâti leur couvent et leur accorda
le droit de justice, etc., donation qui fut confirmée
en 1315, par une charte de Louis-le-Hutin. Depuis,
il fit aussi plusieurs voyages en Italie.

Appelé à Rome en 1078, par le pape Grégoire VII,
pour négocier la paix avec Robert-Guiscard,
duc de Pouille et de Calabre, il y mourut en odeur
de sainteté, le 22 septembre 1082, et fut enterré
avec grande pompe.

Dans la suite, son corps fut rapporté à Bar-sur-
Aube et déposé dans l'église Saint-Pierre, près de
celui de la comtesse son épouse, dans une chapelle
collatérale à droite du chœur; mais, ainsi que nous
l'avons dit à propos du comte Notcher, un parquet,
élevé depuis peu d'années, prive les curieux de la
vue de ces tombes.

La canonisation du comte Simon eut lieu le
et on célébrait sa fête le 1er septembre.

On suppose que c'est vers cette époque que fut fondé, par les comtes particuliers de Bar-sur-Aube, l'hôpital Saint-Nicolas, dans le faubourg de ce nom, fait dont le père Vignier, dans sa *Chronologie des Evêques de Langres*, publiée en 1665, fait mention en ces termes : *Per ea quoque tempora constructum est, aut certè reparatum, Cœnobium aut Hospitale à Sancto-Nicolao dictum, in suburbio Baralbulensi, viris primò, fœminis posteà in eo collocatis, adjuncto Abbatiœ titulo, qui degeneravit in Prioratum* (*v*). Ce qui amena pendant un temps la suspension de l'hospitalité, comme nous le verrons par la suite.

Dès son origine, la règle y était si bien établie et suivie que, par un titre de 1162, l'hôpital de la ville de Vitry-en-Perthois fut placé sous sa juridiction temporelle et assujetti à lui payer un cens annuel. (*Voyez Pièces justificatives.*)

Il fut ensuite augmenté, dans les XIe et XIIe siècles, par les dons successifs des comtes de Champagne et des seigneurs de Vignory, de Lignol, d'Ambonville et de Foligny, qui s'empressèrent à l'envi de le doter de biens considérables, dont il possède encore aujourd'hui une partie, comme en font foi de nombreux titres conservés dans ses archives, notamment les bulles des papes Alexandre III, Innocent IV, Grégoire IX, Grégoire X et Eugène IV; les chartes des comtes de Champagne Thibaut II, Henri Ier et Thibaut IV, et les lettres des évêques de Langres et de Troyes, en 1170 et 1176, portant don et union des cures de Lignol, Colombey-la-Fosse et Fuligny, audit hôpital dont le Maître (*Magister*), c'est-à-dire le chef des religieux, avait les titulaires à sa nomination; et, depuis, nombre de personnes charitables tinrent à honneur d'associer leurs noms à ces noms illustres.

ADÈLE,

CINQUIÈME COMTESSE DE BAR-SUR-AUBE.

ADÈLE, ALIX ou HILDEBRANDE, restée seule héritière des comtés de Bar-sur-Aube et de

Crespy, succéda au bienheureux Simon, son frère;
elle épousa en premières noces *Herbert IV*, comte
de Vermandois, que l'on voit figurer en cette qualité au sacre de Philippe Iᵉʳ, roi de France, en
1059, et dont elle eut deux enfants : Eudes, dit
l'Insensé, que ses vassaux jugèrent incapable de
les gouverner et refusèrent de reconnaître pour leur
souverain, et duquel descendent *les seigneurs de
Saint-Simon* ; et Adélaïde, héritière des comtés de
Vermandois et de Valois, mariée d'abord à Hugues-
le-Grand, fils de Henri Iᵉʳ, roi de France, l'un des
chefs de la première croisade, tige de la seconde
branche des comtes de Vermandois, et ensuite à
Renaud II, comte de Clermont en Beauvoisis.

Après la mort d'Herbert IV, qui est postérieure
à 1076, Adèle épousa en secondes noces Thibaut III,
alors comte de Blois, de Chartres et de Tours, et
depuis comte de Champagne et de Brie sous le nom
de Thibaut Iᵉʳ, auquel elle apporta en mariage le
comté de Bar-sur-Aube, dont elle fut la cinquième
et dernière comtesse, et celui de Laferté.

Avec Adèle s'éteignit la noble race des comtes de

Bar-sur-Aube, alliée aux rois de France, aux ducs et
aux comtes de Champagne, de Bourgogne, de Vermandois, d'Aujou, de Clermont, de Normandie, de
Viennois, de Châlons, de Flandre, de Valois, de
Soissons, de Blois, de Chartres, de Meaux, de
Crespy, etc., etc., en un mot aux principales
familles de France; et Bar-sur-Aube retomba dans
la puissante maison de Champagne, après deux
siècles de séparation.

Chapitre Six.

Histoire de Bar-sur-Aube sous les Comtes de Champagne : THI-
BAUT Ier, HUGUES Ier, THIBAUT II *dit le Grand*, HENRI Ier *dit le*
Libéral, HENRI II *dit le Jeune*, THIBAUT III. Saint Bernard.
Fondation de l'abbaye de Clairvaux, du couvent du Val-des-
Vignes ou Filles-Dieu et du Chapitre des chanoines de Saint-
Maclou.

Les Comtes de Champagne prédécesseurs de Thibaut Ier sont au nombre de six.

HERBERT *de Vermandois*, le premier, et dont
nous avons déjà parlé, fut le père du comte Hérard
de Bar-sur-Aube.

ROBERT, le deuxième, et que quelques-uns
considèrent comme le premier comte de Champagne,
était fils d'Herbert et d'Hildebrande, fille de Robert
ou Raoul, duc, puis roi de France. Il mourut
en 968.

HERBERT II, troisième comte de Champagne, succéda à son frère Robert mort sans enfants ; il avait épousé la reine Ogine, veuve du roi de France Charles-le-Simple, dont il eut deux enfants, et mourut en 993.

ETIENNE Ier, quatrième comte de Champagne, fils d'Herbert II et d'Ogine, mourut sans enfants en 1019 , et avec lui finit la première race des comtes de Champagne.

EUDES ou ODON, quatrième comte de Blois , parent d'Etienne, s'empara de ses états aussitôt après sa mort, et devint ainsi le *cinquième* comte de Champagne et de Brie.

Sa passion des conquêtes lui fut fatale , car son empressement à s'emparer du royaume d'Arles ou Bourgogne-Transjurane, lui fit donner l'exclusion par son oncle Rodolphe III, qui lui préfera Conrad-le-Salique, fils de sa sœur cadette. A la mort de ce roi, il fit, pendant cinq ans, la guerre à Conrad pour faire valoir les droits de sa mère, n'y réussit point, et périt, à l'âge de 55 ans, dans une san-

glante bataille donnée près de Bar-le-Duc (Meuse),
le 17 septembre 1037.

Ce comte avait épousé Mahaut, fille de Richard Ier, duc de Normandie, morte sans enfants, et Ermangarde d'Auvergne, dont il eut deux fils, Etienne et Thibaut, qui partagèrent ses vastes états, et une fille nommée Berthe qui épousa Alain III, duc de Bretagne.

Eudes est le premier qui ait pris le nom de *comte palatin,* titre qui a passé à ses successeurs, et qui, suivant Ducange, signifie qu'ils exerçaient la juridiction sur les officiers du palais du roi.

ETIENNE II, sixième comte de Champagne, appuya la révolte de Eudes, dernier fils de Robert, contre son frère Henri Ier, roi de France, qui l'obligea à se réfugier en Normandie, auprès de Richard II, dont il avait épousé la fille, et où il mourut en 1047 ou 48.

THIBAUT Ier eut, comme son frère, de grands démêlés avec Henri Ier, qui confisqua la ville de Tours et la donna à Geoffroy-Martel, comte d'An-

jou. Celui-ci mit le siége devant Tours, et le leva,
l'année suivante, pour aller à la rencontre de Thibaut, qu'il battit et fit prisonnier dans une sanglante
bataille livrée, le 21 août 1044, près de Saint-Mar-
tin-le-Beau ou de la Guerre (*de Bello*), et qui, pour
racheter sa liberté, s'obligea à lui céder Tours,
Chinon et Langei, avec leurs dépendances, dont il
se réserva la mouvance, et l'abbaye de Marmoutiers.
C'est alors que la Touraine fut démembrée des comtés de Chartres et de Blois.

Après la mort d'Etienne II, Thibaut, voulant réparer ses pertes, et sous prétexte qu'il était mécon-
tent de son partage, s'empara de ses états, au préjudice d'Eudes, son neveu, qui se retira auprès de
Guillaume Ier, son oncle, duc de Normandie, qui
lui fit épouser la comtesse d'Aumale, sa sœur uté-
rine ; et il fut le chef des comtes d'Aumale.

Par cette usurpation, Thibaut devint le *septième*
comte de Champagne.

Il mourut à Epernay, en 1089 ou 90, et fut enterré dans l'abbaye de Saint-Martin. Il laissa de
nombreux monuments de sa piété, c'est pour cela

que quelques-uns lui donnent l'épithète de *Saint*. Le prieuré de Saint-Ayoul, de Provins, entre autres, lui est redevable de sa fondation.

Thibaut avait épousé en premières noces Gertrude, fille de Herbert, dit *Eveille-chien*, comte du Mans, et c'est après l'avoir répudiée qu'il épousa en secondes noces Adèle, comtesse de Bar-sur-Aube, dont il eut quatre fils : Hugues Ier, qui lui succéda au comté de Champagne ; Etienne, appelé aussi Henri, comte de Blois, de Chartres et de Meaux, célèbre par son courage et sa prudence, et qui accompagna Godefroy de Bouillon en Palestine : il avait épousé Adèle, fille de Guillaume-le-Conquérant, duc de Normandie ; Philippe, évêque de Châlons-sur Marne ; et Eudes ou Odon mort sans postérité.

Par une charte de 1076, Thibaut Ier confirma toutes les donations faites par les comtes Notcher, Raoul et Simon, aux religieux de Saint-Claude de Bar-sur-Aube. Cette charte porte que cette confirmation est faite avec l'agrément de la comtesse Adèle, son épouse, et à la prière du bienheureux Simon, son frère.

HUGUES Ier, Hue ou Huon, fils d'Adèle et de
Thibaut, huitième comte de Champagne et de Brie,
succéda à son père en 1089 ou 90, et, dans ses actes,
il prend le titre de comte de Troyes et de Bar-sur-
Aube. Il fit trois voyages en Palestine, en 1113,
1121 et 1125. C'est lors de ce dernier voyage qu'il
se fit chevalier du Temple, ce qui lui mérita une
lettre de saint Bernard, par laquelle il le félicite
d'être devenu soldat et pauvre, de riche et de comte
qu'il était auparavant : *Factus es ex Comite miles,
ex divite pauper.*

Avant de partir pour la Terre-Sainte, il vendit ou
donna son comté de Champagne à son neveu Thibaut, sous la réserve d'en conserver le titre, qu'il
prit jusqu'à sa mort, comme le prouve la lettre de
saint Bernard, où il est qualifié de chevalier du
Temple et de comte de Champagne : *Ad Hugonem,
comitem Campaniæ, militem Templi factum.*

Hugues Ier avait épousé en premières noces Cons-
tance, fille de Philippe Ier, roi de France, de
laquelle il n'eut point d'enfants, et dont il se sépara,

en 1104 , pour cause de parenté. Elle épousa Bohémond, prince d'Antioche, et il se remaria avec Isabelle ou Elisabeth, fille de Renaud II, comte de Bourgogne, qu'il quitta ensuite sur des soupçons, et dont il eut un fils nommé Eudes ou Odon , qu'il refusa de reconnaître, et qui, trop faible pour faire valoir ses droits, se retira dans le comté de Champlitte, terre provenant de sa mère, dont il prit le nom , et s'attacha au roi de France Louis VI, qui lui donna le château de Vitry en Perthois.

Le comte Hugues mourut à Jérusalem, le 14 juin 1126 : *Quarto idus junii obiit piissimus comes Trecarum, anno* 1126, dit l'*Obituaire* de la cathédrale de Troyes dont il fut un des bienfaiteurs.

Ce prince était très-pieux, il fit des donations considérables et concéda de grands priviléges aux églises et aux couvents. Il donna à saint Bernard le terrain, avec toutes ses dépendances, où il fonda la célèbre abbaye de Clairvaux, trop voisine de Barsur-Aube, pour la passer entièrement sous silence ; d'un autre côté, la vie de son célèbre fondateur est trop connue pour nous y arrêter longtemps, c'est pourquoi nous nous contenterons d'en dire quelques mots.

Saint BERNARD naquit en Bourgogne, en 1091, au château de Fontaine dont son père, nommé Tescelin, était seigneur. En 1113, il se fit religieux à Citeaux, avec quatre de ses frères, et en 1115, il fonda, dans un endroit appelé *la Vallée d'Absinthe*, situé à trois lieues de Bar-sur-Aube, la riche et magnifique abbaye de *Clairvaux*, dont il fut le premier abbé, et où il mourut le 20 août 1153, à l'âge de soixante-deux ans, y laissant *sept cents* religieux.

Ce saint personnage, l'oracle de son siècle, venait souvent à Bar-sur-Aube où, pendant longtemps, par vénération pour sa mémoire, on a conservé comme une relique une chaire antique dans laquelle il avait prêché la deuxième croisade, et qui depuis a été transportée dans la cathédrale de Troyes.

Les successeurs de saint Bernard fondèrent les villages de Juvancourt, Outr'Aube, Ville et Longchamps, et augmentèrent successivement son œuvre, si bien que, lors de sa destruction, l'abbaye de Clairvaux ressemblait moins à un monastère qu'à une résidence royale. On y remarquait particulièrement la chapelle bâtie sur le modèle de l'église Saint-Pierre de Bar-sur-Aube, le réfectoire, le trésor, l'infirmerie, la salle du chapitre, le logis des dames, le noviciat, le dortoir et l'escalier qui y conduisait, les jardins, une cuve de 800 muids (184,000 litres), démolie depuis pour boiser le réfectoire, et une superbe bibliothèque remplie d'ouvrages rares et de manuscrits précieux, mise à contribution par les hommes les plus célèbres (Voltaire, entre autres, la visitait souvent, lorsqu'il venait à Cirey, chez Mme Du Châtelet) et qui a servi à enrichir celle de Troyes, lorsque, en 1791, cette vaste maison fut vendue et en partie démolie. Mais en 1808, le Gouvernement ayant acheté les bâtiments qui restaient, on y fit des constructions nouvelles, et, dès-lors, elle fut convertie en maison centrale de détention; on y compte maintenant près de trois mille détenus.

Le dernier abbé M. Rocourt mourut à Bar-sur-Aube en 1824.

Jusqu'à Charles V, cette abbaye ressortit de la

justice de Laferté; mais, sur les plaintes des religieux, ce prince la prit sous sa garde et attribua à
la prévôté de Bar-sur-Aube ses causes et celles de
toutes les maisons qui en dépendaient.

Près de Bar-sur-Aube existait un couvent de
femmes, appelé *les Filles-Dieu* ou *le Val des Vignes*,
dépendant de cette abbaye. Fondé au treizième
siècle par les dames de Jaucourt ou d'Arzillières, il
fut supprimé au dix-septième par un abbé de
Clairvaux; ses biens furent réunis à ceux de l'ab-
baye-mère, et les religieuses transférées dans d'autres communautés, telles que les Filles-Dieu à
Paris. Le monastère, qui tombait en ruines, fut démoli, et il ne resta plus que l'église au-dessus de laquelle était leur logement; vendue en 1791, avec
la maison du fermier, elle fut entièrement rasée en
1795. Avant cette époque, on y voyait encore les
tombeaux des fondatrices, ainsi qu'une copie fort
estimée de la superbe *Descente de Croix de Michel-
Ange*, et elle était le but d'un pèlerinage très-fréquenté, où les habitants de Bar-sur-Aube et des
pays circonvoisins se rendaient le lendemain de

Pâques; mais depuis que le plaisir a pris la place de la dévotion, la foule se porte au village d'Ailleville qui en est très-rapproché.

En 1131, le comte Hugues confirma de nouveau les priviléges accordés par le bienheureux Simon aux prieurés de Sainte-Germaine et de Saint-Pierre de Bar-sur-Aube.

THIBAUT II *dit le Grand et à la belle lignée*, fils d'Etienne et d'Adèle, était déjà, par son père, comte de Blois, de Chartres et de Brie, lorsque, en 1125, le comte Hugues, son oncle, lui céda son comté de Champagne, dont il fut le neuvième possesseur.

Ce prince, un des plus puissants de son temps, fut presque toujours en révolte contre les rois Louis VI et Louis VII, et cependant les auteurs contemporains font de lui les plus grands éloges. Il est le dernier qui ait possédé ensemble les comtés de Champagne et de Brie, de Blois, de Chartres, etc.

Il mourut le 8 janvier 1152, à Lagny-sur-Marne, où il fut inhumé. Il avait épousé Mahaut ou Mathilde, fille de Baudoin, comte de Flandre, dont il eut onze enfants : cinq fils, dont l'aîné Henri-le-Libéral lui succéda, et six filles , dont l'une Adèle épousa Louis-le-Jeune, roi de France, et fut mère de Philippe-Auguste. Mahaut, après la mort de son époux, se fit religieuse à Fontevrault.

A la prière de saint Bernard, il acheva le monastère de Clairvaux commencé par son oncle. Il fonda plusieurs abbayes , entre autres celles de Pontigny et de Preuilly, et donna à l'hôpital Saint-Nicolas de Bar-sur-Aube le moulin de la Dhuy, qui n'existe plus maintenant.

Parmi les nombreuses lettres, pleines d'estime et d'attachement, que saint Bernard lui a adressées, on remarque la 89e, écrite à l'occasion de la visite de Robert de Torotte, évêque de Langres, à qui , ainsi que nous l'avons dit plus haut, les comtes de Champagne devaient foi et hommage pour le comté de Bar-sur-Aube, dans laquelle il lui dit :

« Recevez , comme il est équitable, avec le plus
» grand honneur, notre et pareillement votre évêque
» de Langres, et lui prêtez , comme vous êtes obligé,
» foi et hommage , avec révérence et humilité, pour
» ce que vous tenez de lui. »

HENRI Ier *dit le Large* ou *le Libéral*, dixième
comte de Champagne et de Brie, succéda, en 1152,
à Thibaut-le-Grand, son père ; il partagea ses biens
avec ses frères, ne se réservant sur eux que le droit
de vasselage et de rachat de fief au comté de Champagne, pour lui et ses successeurs.

Il fit deux voyages en Palestine. En 1147, n'étant
encore que comte de Meaux, il accompagna le roi
Louis VII, qui le nomma grand sénéchal de France ;
en 1178 il se croisa de nouveau et tomba entre les
mains des infidèles. Revenu à Troyes, il y mourut
peu de temps après son retour, le 17 mai 1180 ou
1181, regretté de tous ses sujets, qu'il gouvernait
avec justice et bonté, et fut enterré dans le chœur de
l'église Saint-Etienne, qu'il avait fait bâtir en 1173.

Il avait épousé Marie de France, fille de Louis VII
et d'Eléonore de Guyenne : il en eut quatre enfants,
dont l'aîné Henri II lui succéda.

Aussi magnifique que libéral, le comte Henri Ier
fit exécuter de grands travaux d'utilité publique et
fit un grand nombre de fondations pieuses. C'est lui
qui fit diviser la Seine en canaux pour l'utilité et

l'agrément de la ville de Troyes, qu'il dota encore
de son Hôtel-Dieu. Mais ce qui nous intéresse particulièrement, en 1170, il fonda dans la chapelle de
son château de Bar-sur-Aube, qui était dédiée à saint
André, et desservie par les religieux de Saint-Pierre,
un chapitre de chanoines sous le titre de Saint-Maclou,
lesquels, en mémoire de leur premier patron, con-
servèrent longtemps l'habitude de placer, le jour
de la Saint-André, un cierge tout allumé devant un
des vitraux de leur église où se trouvait le portrait
de ce saint ; et il leur donna une rente perpétuelle
de 400 livres à percevoir sur le produit du moulin
de Marcasselles ou du Haut ; la dîme des récoltes
du territoire en vins, grains et chanvres ; celles
des droits de tonlieu, péage et forainage, qui se le-
vaient au profit du comte (puis du roi) sur le marché de la ville, et quelques serfs et leur postérité,
dont la servitude a duré jusqu'au règne de Charles VII.

Voici quelques dispositions de la charte de fondation :

« Sachent tous les étrangers (*albanos*) qui, sous
» an et jour, viendront à Bar-sur-Aube pour y res-

» ter sous l'autorité des chanoines, qu'ils seront
» libres de toute ma justice. S'ils sont marchands,
» ils ne payeront aucune coutume pour tous achats
» et vente dont la valeur ne s'élèvera pas à plus de
» vingt sous.

» Je donne aux chanoines 300 sous de la grosse
» taille des foires de Bar-sur-Aube, à percevoir sur
» les premières sommes perçues par les exacteurs.

» Je donne aux chanoines et à l'église *Lambert le*
» *charpentier, Eudes, fils de Simon, et Gauthier Le-*
» *febvre*, ainsi que leurs femmes et leurs enfants,
» pour être possédés à perpétuité, etc. »

Suivent des dons aux divers officiers de l'église,
puis cet article : « *Thesaurario verò duos lectos in*
nundinis juxtà tabulas cambiatorum. » (GROSLEY,
Mém. hist.)

Les prérogatives du doyen du Chapitre étaient
fort belles : il était collateur de dix-neuf bénéfices ;
c'était *lui* qui conférait le doyenné, le chapitre de
Bar-sur-Aube n'ayant point de lettre de garde gar-
dienne, ainsi qu'il résulte de deux jugements rendus
en 1666 et 1726, qui le déclarait en même temps
justiciable du prévôt de Bar-sur-Aube.

Toutes ces prérogatives et donations, jointes à celles que s'empressèrent de lui faire les habitants du pays, car il fut un temps, on le sait, où la sépulture chrétienne eût été refusée à celui qui serait mort sans faire un legs pieux; tous ces dons, disons-nous, mirent bientôt les chanoines à même d'augmenter le nombre des canonicats ou prébendes, et, d'après la déclaration faite par le chapitre en 1790, leur revenu annuel, net de toute charges, était de 30,000 livres.

Par l'entremise de leur fondateur, les nouveaux chanoines demandèrent et obtinrent des religieux de la montagne le chef de Sainte-Germaine, dont ils sont restés dépositaire jusqu'à l'époque de la Révolution, où il fut livré aux flammes, ainsi que nous l'avons dit; et en 1220 (juillet), la reine Isberge ou Ingelburge, première femme de Philippe-Auguste (*I., Dei gratiâ Francorum regina*), par une let're datée de Saint-Germain-en-Laye, augmenta leur trésor en leur envoyant une dent de saint Maclou, découverte miraculeusement, par ses soins, dans une antique châsse qui se trouvait à Pontoise, dans la chapelle royale.

Cette donation avait été consentie sur la demande de François Chrétien, aumônier du roi, et originaire de Bar-sur-Aube.

Henri-le-Libéral accorda, en 1169, à l'hospice Saint-Nicolas de Bar-sur-Aube, une rente de *cent sous* sur l'étalage (*Voyez Pièces justificatives*); en 1179, le tiers du droit de péage (*Voy. id.*), et la même année, conjointement avec Thibaut, seigneur de Fuligny, il lui donna, en outre, la ferme de Fuligny (*Voy. id.*); et, par son testament, il fit don aux moines de Clairvaux de deux maisons, l'une située à Colombé-la-Fosse et l'autre à Bar-sur-Aube, dans la rue Neuve, au coin de la rue des Chèvres, appelée depuis le *Petit-Clairvaux*, et dont les abbés avaient fait leur maison de ville. Dessous il y avait, dit-on, jadis, une église souterraine, mais église et bâtiments ont depuis longtemps disparu, et du tout il ne reste plus maintenant que des caves fort remarquables par leur voûtes et leurs solides piliers.

Dans l'acte de donation, écrit en latin, le testateur s'exprime ainsi :

« Je donne mon âme à Dieu, ma maison de
» pierres de Bar-sur-Aube et ma maison du Cel-
» lier au monastère de Saint-Bernard, pour préser-
» ver mon âme d'habiter avec les boucs. »

HENRI II *dit le Jeune*, onzième comte de Champagne et de Brie, succéda en 1180 ou 81 à Henri Ier,
son père. Ayant perdu son épouse Hermansette,
fille de Henri de Namur, morte sans enfants en
1190, il passa en Palestine avec Philippe-Auguste
et Richard d'Angleterre; en 1192, il fut choisi pour
roi de Jérusalem, et, en 1197, il se tua en tombant
d'une fenêtre de son palais à Acre.

THIBAUT III, fils de Henri Ier, douzième comte
de Champagne et de Brie, succéda, en 1197, à
Henri II, son frère. Il prit la croix en 1199, à
l'âge de vingt-deux ans, et fut choisi pour chef de
la quatrième croisade; mais étant tombé malade à
Troyes, il y mourut le 24 mai 1201, avant d'avoir
pu accomplir son vœu, laissant Blanche de Navarre,
son épouse, enceinte de Thibaut IV.

Chapitre Sept.

Histoire de Bar-sur-Aube sous THIBAUT IV *dit le Grand et le Faiseur de chansons*, comte de Champagne et roi de Navarre. Restauration de l'hôpital Saint-Nicolas. Fondation de la foire de Bar-sur-Aube, son importance. Affranchissement de la ville. Maires.

THIBAUT IV *dit le Grand et le Faiseur de chansons,* treizième comte de Champagne et de Brie, fils postume de Thibaut III, fut encore seigneur féodal des comtés de Chartres, Blois et Sancerre, de la vicomté de Châteaudun, et plus tard roi de Navarre; il naquit en 1201.

En venant au monde, il commença de régner sous la tutelle de Blanche de Navarre, sa mère ; elle défendit avec courage le patrimoine de son fils contre Erard de Brienne qui, au nom de Philippine,

son épouse, tante de Thibaut, lui disputait ses
états et avait fait une puissante ligue pour le dé-
pouiller, et, les armes à la main, le contraignit à se
désister de ses prétentions, par un traité fait au
mois de novembre 1221.

Ce fut pendant cette guerre, en 1218, que Blanche et Thibaut donnèrent à Simon de Joinville,
père du célèbre historien de saint Louis, la charge
de grand sénéchal de Champagne pour lui et ses
héritiers.

En 1234, Thibaut eut encore à défendre ses états
contre Alix, reine de Chypre, sœur de Philippine,
qui était venue en France réclamer la succession de
Henri II, son père, et vraisemblablement il eût
succombé sans le secours de saint Louis qui, ou-
bliant ses nombreuses révoltes, ménagea entre eux
un accommodement.

La même année, Sanche VII dit le Fort, roi de
Navarre, étant mort sans enfants, Thibaut, son
neveu par sa mère, fut appelé à lui succéder, et, le
8 mai, il fut solennellement reconnu et couronné
roi dans la ville de Pampelune.

Thibaut IV est célèbre par ses chansons et par ses amours avec la reine Blanche, mère de saint Louis, à qui sont dédiées la plupart de ses poésies, dont le plus grand nombre sont parvenues jusqu'à nous : on y trouve de la tendresse dans les senti-ments, de la délicatesse dans les pensées, une naïveté admirable dans les expressions et même une certaine érudition, mais quelques fois aussi ses images sont trop découvertes et trop libres.

Blessée de ses libertés, la reine lui ordonna de se retirer de la cour, et à ce sujet il composa une chanson dont voici un couplet qui donnera en même temps au lecteur une idée de sa soumission et des modifications qu'a subies notre langue depuis cette époque :

« Amour le veult et ma dame m'en prie,
» Que je m'en part, et moult l'en merci.
» Quand par le gré ma dame m'en châtie
» Meilleur' raison n'y voi à ma parti. »

Voici encore quelques vers qui, quoique faits en 1228, sont encore très-compréhensibles :

« Chacun pleure sa terre et son pays
» Quand il se part de ses joyeux amis;
» Mais il n'est nul congé, quoiqu'on en die,
» Si douloureux que d'ami et d'amie. »

On a souvent aussi cité comme de lui cette chanson imprimée dans l'*Anthologie française* :

Las ! si j'avais pouvoir d'oublier, etc.

Il combla de ses bienfaits ceux qui cultivèrent les belles-lettres, et il peut, à juste titre, être considéré comme le premier des poëtes français, car ceux qui l'ont précédé ne méritent pas encore ce nom. Il est le premier, suivant l'abbé Massieu, qui ait mêlé les rimes masculines avec les rimes féminines, et ait fait sentir l'agrément de ce mélange.

C'est dans ce siècle que la langue française commença à perdre un peu de sa rudesse et à multiplier le nombre de ses mots, les Croisades influèrent sensiblement sur cette révolution grammaticale.

En 1240, le comte Thibaut s'embarqua pour la Terre-Sainte, mais cette expédition n'eut aucun succès par suite de la division des chefs, et il mourut à Troyes, le 10 juillet 1253, à l'âge de 53 ans.

Il fut marié trois fois : en 1220 , à Gertrude de Habsbourg dont il fut séparé par sentence ecclésiastique, pour cause de parenté ; en 1222 , à Agnès de Beaujeu dont il eut une fille nommée Blanche qui épousa Jean Iᵉʳ dit le Roux, duc de Bretagne ; et, en 1232, à Marguerite de Bourbon dont il eut deux fils qui lui succédèrent (Thibaut V et Henri III) et deux filles : Marguerite de Navarre, femme de Ferri ou Frédéric III, duc de Lorraine , et Beatrix qui épousa Hugues IV , duc de Bourgogne.

Pithou lui donne deux autres enfants : Pierre, sire de Marnçaval, au royaume de Navarre, et une fille nommée Aliénor dont l'histoire dit seulement la naissance.

Marguerite de Bourbon mourut à Provins et fut inhumée à Clairvaux, à droite du grand autel, avec cette inscription :

Hic jacet illustrissima Margareta ,
Navarræ regina, Campaniæ comitissa et Briæ palatina.
Obiit anno Domini 1258.

Ce prince libéral et magnifique était excessive-
ment attaché à la religion de ses pères, et, parmi
beaucoup d'autres établissements religieux, l'hospice Saint-Nicolas de Bar-sur-Aube le compte au
nombre de ses principaux bienfaiteurs.

Les religieux chargés de cette maison si bien ad-
ministrée dans son origine, l'ayant laissée tomber en
décadence, Thibaut, qui, en 1222, leur avait concédé le droit d'usage dans les bois de Lignol, voulant lui rendre sa splendeur première, en confia, en
1239, le service à sœur Aclède et à sa congrégation, religieuses de l'ordre de Saint-Victor de
Paris, qui formaient, en ce temps, une petite communauté à Boulancourt, et, en 1251, il leur donna
une sauvegarde pour tous leurs biens.

En confiant le service des pauvres et l'administration de leurs biens à ces religieuses, dont la conduite peu régulière par la suite nécessita leur ex-
pulsion, on ne pouvait prendre plus de précautions
qu'en prit le comte de Champagne pour conserver
le domaine et assurer le bon emploi des revenus,
comme le prouvent sa *Charte* dont nous donnons

la traduction fidèle , et sa *sauvegarde* que nous reproduisons textuellement :

« THIBAUT, par grâce de Dieu roi de Navarre , » comte palatin de Champagne et de Brie , à tous » ceux qui ces présentes lettres verront salut dans le » Seigneur.

» Considérant le désordre, connu de vous tous, qui » régnait dans la Maison-Dieu de Saint-Nicolas de » Bar-sur-Aube, et comme il ne pouvait aisément être » réparé par ceux qui occupaient ladite maison qui » dépend de notre domaine temporel, nous avons, » par l'inspiration divine, à la louange et avec le con- » sentement de notre vénérable père ROBERT , par » la grâce de Dieu évêque du diocèse de Lan- » gres, concédé ladite maison et ses dépendances à » sœur ACLÈDE et à sa congrégation , servantes du » Seigneur à Boulancourt, pour l'avoir et la posséder » éternellement , de manière que les revenus de la- » dite maison, consacrés uniquement jusqu'à ce jour » à l'hospitalité immédiate des pauvres, soient tou- » jours employés aux mêmes usages, et que l'emploi » et l'administration desdits revenus soient faits par » ladite congrégation, que nous et nos héritiers pou- » vons obliger d'employer lesdits biens au service des » pauvres , dans le cas où il ne serait pas par elles » suffisamment pourvu à leurs besoins. Sauf, pour nous » et nos héritiers, la garde de ladite maison et notre

» domaine temporel. En foi de quoi nous avons
» scellé les présentes lettres de notre sceau.

  » Donné l'an du Seigneur 1239, au mois de juin. »

  « THIÉBAUT par la grace de Deu Rois de Navarre,
» de Champaigne et de Brie cuens palatins, au Baili
» de Chaumont au maieur e au prevost de Bar-sur-
» Aube, Salut, Nous vous mandons e commandons
» que vous la meison e les Biens au Dames de Saint-
» Nicholas de Bar gardez e deffendez si est les ntres
» propres, e ne soffrez quon leur face tort ne force,
» Ne ne preigniez ne faciez paitre ne soffrez a paitre
» Beestes, Chevaus ne charretes quels aient se nestoit
» pour ost ou pour chevaugée ou nous faissions an
» propre personne ou ntre comandement especiaus
» nan venoit a vous, E volons que ces lettres leur
» vailent jusqu'a deis ans.

  » Ces lettres furent faites a Bar-sur-Aube an lan
» Ntre Seignor mil deux cens e cinquante un, au
» mois daoust. »

Consentie par lettres de Robert, évêque de Langres, du mois d'août suivant, la charte du comte
Thibaut fut confirmée en 1240, par une bulle du
pape Grégoire IX qui, pour son exécution adressa
en même temps un bref à l'archidiacre de Meaux
et à l'official de Sens, et en 1242, par une nouvelle

bulle du pape Innocent IV, datée de Lyon, au mois d'avril. (*Voy. Pièces justif.*)

Ce qui paraît singulier dans les lettres de consentement de l'évêque de Langres, c'est le titre d'*abbesse* donné à la supérieure, ce qui, par la suite, fut d'un grand secours, lorsqu'on voulut changer cette maison en abbaye, pour surprendre des bulles de papes sous ce nom, en éloignant le véritable titre d'hôpital et de Maison-Dieu.

C'est encore à Thibaut IV que les Barsuraubois sont redevables de leur liberté. Les comtes de Champagne étaient trop puissants pour que les rois de France pussent accorder aux serfs de cette province les priviléges dont, depuis Louis VI, jouissaient les autres communes du royaume, aussi n'est-ce que cent ans plus tard, par une charte de 1231, que Thibaut concéda à la ville de Bar-sur-Aube, moyennant finances, des lettres d'affranchissement de servitude, avec établissement d'une des quatre grandes foires de Champagne et de Brie, et la faculté d'élire un capitaine de noble lignée pour maintenir le bon ordre, prévenir les assemblées illicites et faire arrêter les délinquants à ces foires.

Par une charte de 1235 , entre autres dispositions, il décida que les fossés de la ville de Bar-sur-
Aube seraient nettoyés par les habitants des villages de trois lieues à la ronde, clause qu'en aucun
temps ils n'ont voulu remplir.

La grande foire franche de Bar-sur-Aube devint
bientôt très-célèbre ; elle durait *soixante-dix jours*
(du mardi avant la mi-carême au mercredi qui
précède la Pentecôte), et attirait, chaque année, un
nombre prodigieux de marchands étrangers : tous
y avaient des quartiers séparés, et les juifs même y
avaient une synagogue. Il y avait des juges conservateurs de ses privilèges, des sergents-gardes, et
l'intérêt du prêt y était admis au cours de Lyon.

Le temps et les événements ont successivement
éloigné les étrangers et détruit l'importance des
foires de Champagne, et celles de Lyon, instituées
par le roi Charles VII en 1445, achevèrent de les
faire tomber entièrement. Des lettres patentes de
1615 , confirmatives des privilèges de Bar-sur-
Aube , portent cependant, entre autres dispositions,

que cette ville continuera de jouir de la faculté d'é-
lire un capitaine de noble lignée et de tenir, pendant
trois mois, une des foires franches de Champagne ;
mais en 1636 Louis XIII la supprima et la réunit
à celles de Lyon.

Cette suppression ayant causé un préjudice très-
considérable aux habitants, ils se plaignirent à
Louis XIV qui, par un édit de 1676, leur accorda
en compensation deux petites foires par an sans
franchise et un marché chaque semaine : la première de ces foires, dite du *Saint-Esprit*, était autrefois *livrée* dans la cour de l'hôpital de ce nom ;
elle a lieu la veille du dimanche des Rameaux, et
l'autre le 29 août ; le marché se tient tous les
samedis.

Ces foires et ces marchés, qui étaient et sont encore très-considérables, formaient une branche importante du revenu des comtes de Champagne.
Voici quelques articles d'une ordonnance du quinzième siècle qui donnera une idée de la nature des
redevances qui se percevaient alors sur chaque
sorte de marchandises :

« Ce sont les droits que le Roi notre sire et ses
» consorts ont de prendre et de lever, à cause de la
» vente et rouaige de Bar-sur-Aube, avec la chas-
» tellenye dudit Bar, en l'étendue de laquelle chas-
» tellenye est comprise le péage et rouage, oultre
» la rivière d'Aulbe, Fontarce, Sermayse, Cham-
» pigneulles, Beaumont-l'Abbaye et le demorant
» des granches de Clairvaux avec Longchamps, et
» deça la rivière d'Aulbe, il est compris Morvillers,
» Lignors, Frasnoy, Boulanvaux, Beurville, Thors,
» Maisons, Engente et Buchières. »

L'avant-dernier article est ainsi conçu : « *Item*
» tous juifs qui vont par les destroits dudit Bar, soit
» à pied, soit à cheval, doivent trente deniers-
» tournois et une *buffe* (soufflet), et double, en
» foire, d'argent et de buffe. »

Les autres péages sont : « Un cheval, un mulet
» ou mulle, asne ou asnesse, si portent bast, doi-
» vent quatre deniers-tournois.

» *Item* les pauvres qui portent denrées à leur
» col, chacun doit pour lui un denier-tournois et
» une patenostre.

» *Item* celui qui porte pour autrui doit deux » deniers et ne double point en foire, » ce qui était pour la plupart des redevances énoncées pour chaque sorte de marchandises.

Nous croyons faire plaisir à nos lecteurs en leur faisant connaître en même temps quelques-uns des droits de péage des comtes de Lesmont, nos voisins; par cette double citation ils pourront mieux juger des mœurs de nos bons aïeux.

« ART. XIII. Un chaudronnier passant avec ses » chaudrons doit deux deniers, si mieux n'aime » dire un *Pater* et un *Ave* devant la porte dudit » sieur de Lesmont ou son fermier.

» ART. XIV. Un cheval les quatre pieds blancs » franc de péage.

» ART. XXII. Un juif passant dans ledit comté » se doit mettre à genoux devant la porte du sieur » comte ou son fermier et en recevoir un soufflet. »

Il y avait pour toutes les foires de Champagne (GUYOT, *Recueil de jurispr.* tome 8) une juridiction spéciale composée de deux juges conservateurs des priviléges, un chancelier et un nombre de notaires à pied et à cheval.

D'après une ordonnance de Philippe-le-Bel, du
mois de janvier 1311, qui est le titre le plus ancien
en faveur de ces foires, l'usure était permise dans le
royaume sur le pied d'un denier pour livre par semaine, et de quatre sous par an ; mais il fut défendu sous les peines les plus sévères, d'exiger aux
foires de Champagne plus de 50 sous pour 100
livres de foire en foire, et comme il y en avait six
chaque année : deux à Troyes, deux à Provins, une
à Lagny-sur-Marne et une à Bar-sur-Aube, l'intérêt y était encore à quinze pour cent par an.
(*Voy. Pièc. justif.*)

L'abbé Fleury, dans son *Histoire ecclésiastique*,
rapporte un fait qui témoigne de la prompte célébrité qu'obtinrent les foires de Champagne :

« Les bourgeois de Reims ayant, en 1235, à la
» suite de quelques difficultés, insulté et chassé
» l'archevêque, celui-ci les excommunia et obtint
» du pape (Honoré III) un rescript adressé au
» doyen et à l'archidiacre de Bar-sur-Aube, et au
» docteur Ferrey, chanoine de Langres, où il leur
» enjoint de faire publier l'excommunication pro-

» cée contre les bourgeois, et, s'ils ne se soumettent,
» de faire saisir leurs revenus et autres biens aux
» foires et partout ailleurs où on les trouvera, et,
» s'il en est besoin, d'implorer le secours du bras
» séculier. »

Cette bulle est du 3 octobre 1235, mais nous
ignorons quel fut son effet.

Au sujet des lettres d'affranchissement données à
la ville de Bar-sur-Aube par le comte Thibaut IV,
nous croyons nécessaire d'entrer dans quelques
explications.

Jadis, avant l'établissement de la monarchie, il
existait dans chaque ville des Gaules une *hanse* ou
société de négociants et ouvriers qui s'assemblaient
en commun pour délibérer des choses relatives à
leur industrie : telle est l'origine de la communauté
municipale. Interrompues pendant le régime féodal,
ces sociétés ne commencèrent à renaître que sous
Louis VI, qui monta sur le trône en 1108, et af-
franchit les villes de son domaine pour diminuer
le pouvoir de ses grands vassaux qui, de leur côté,
pour subvenir aux frais des croisades ou augmenter

le nombre de leurs sujets, accordèrent des priviléges
et vendirent à leurs bourgades le *droit de commune*.

En outre de ces lettres d'affranchissement, il fut
permis aux villes de percevoir leurs revenus, d'as-
seoir les impôts, de tenir sur pied la milice urbaine
et d'élire des maires (*majores*) ou prévôts, des jurés,
des échevins, qui, sous le nom de pairs (*pares*)
bourgeois, devinrent les juges naturels des autres
bourgeois dans les affaires civiles et de police.

L'histoire nous a conservé les noms de deux
maires de Bar-sur-Aube à cette époque : *Gauthier-
Cornu,* en 1231, qui par une charte du mois d'août
1241, nomma Gauthier-Coichet maire de Bar-sur-
Seine ; et *Jacques Des Ponts*, en 1254. A part ces
deux noms, les autres sont ignorés jusqu'à l'année
1626, depuis laquelle tous nous sont connus (*x*).

Ce même siècle vit aussi naître la bourgeoisie.
Par ce mot on entendait l'aggrégation faite, par le
le maire ou prévôt, d'un homme libre, présenté et
cautionné par deux ou trois bourgeois, au nombre
des anciens habitants d'une ville où il n'était pas né,
avec jouissance des mêmes priviléges, sous la condi-

tion expresse, d'après l'ordonnance de Philippe-le-Bel, d'acheter, à titre de bourgeoisie, une maison de la ville.

Par la coutume de Champagne, un bourgeois des villes du comté ne pouvait acquérir d'héritage sur le domaine d'un autre seigneur, et principalement si les habitants de ce pays étaient encore serfs (*servi*) ou main-mortables, c'est-à-dire non affranchis. Ainsi Brussel (*Usage gén. des fiefs en France*) rapporte qu'aux Grands Jours de Troyes, de la Nativité de Notre-Dame 1288, Guillaume, sire de Grancé, chevalier, s'étant plaint que les bourgeois de Bar-sur-Aube tenaient et acquéraient des héritages dans son village et appartenances de Couvignon, à son préjudice, puisqu'il avait toute justice dans ces lieux ; que tous les habitants de ladite paroisse, tant ceux de son domaine que des fiefs relevant de lui, étaient des gens taillables et exploitables, et de serve condition et main-morte, et que par conséquent les bourgeois de Bar-sur-Aube ne pouvaient, par la coutume générale de Champagne donnée par le roi Thibaut, tenir ni acquérir au finage de Couvignon, des héritages de condition serve : toutes lesquelles représentations il avait successivement faites aux deux derniers baillys de Chaumont, les requérant d'y apporter remède. Le conseil de Champagne, après s'être fait certifier ce fait par les susdits baillys , commanda Guillaume Dangest le Jeune, bailly de Chaumont, de saisir tous les fruits des héritages que les bourgeois de Bar-sur-Aube tenaient et avaient acquis en la paroisse de Covignon, et d'ajourner ces bourgeois par devant lui pour savoir s'ils voulaient ouïr droit par lui, sur la requête du seigneur de Grancé, que s'ils déclaraient ne le vouloir point, il laissât le seigneur de Grancé exploiter et justicier sans aucun empêchement touchant lesdites choses, à la charge par ledit seigneur de Grancé d'appeler par devant lui ces bourgeois et de leur faire droit ; et il fût encore commandé au bailly de garder de force le seigneur de Grancé, en prenant, exploitant et saisissant les choses que les bourgeois de Bar-sur-Aube avaient au finage de Covignon.

Chapitre Huit.

Histoire de Bar-sur-Aube sous les comtes THIBAUT V et HENRI III. JEANNE DE NAVARRE, reine de France et dernière comtesse de Champagne. Réunion de Bar-sur-Aube à la couronne. Fondation du couvent des Cordeliers. Bar-sur-Aube choisi pour lieu de réunion des princes de l'Empire ; il est pillé par les Anglais. Siége de la ville par des brigands ; destruction de la forteresse, du pont et du faubourg d'outre-Aube. Donation par Charles V aux habitants des fossés et remparts. Nouvelle invasion anglaise ; incendie des hameaux de Sainte-Germaine et de Courcelles.

En 1253, THIBAUT V, quatorzième comte de Champagne, à peine âgé de quinze ans, succéda à son père dans les comtés de Champagne et de Brie, ainsi que dans le royaume de Navarre, sous la tutelle de sa mère. En 1270, il se croisa avec Saint-Louis, et peu après il eut le chagrin de voir expirer à Tunis, entre ses bras, ce monarque dont il avait épousé *Isabelle*, la fille aînée, de laquelle il n'eut

point d'enfants. Il mourut lui-même à son retour, à
Trapani, en Sicile, le 4 décembre de la même
année, et son épouse, qui l'avait accompagné, lui
survécut très-peu de temps.

Avant la Révolution, le cœur de cette princesse
était renfermé dans un tombeau doré élevé dans
le chœur de l'abbaye de Clairvaux, avec cette
inscription :

SUB HOC TUMULO,
IN ARCA PLUMBEA, JACET COR DOMINÆ ISABELLÆ,
QUONDAM INCLITI LUDOVICI NONI FRANCORUM REGIS FILIÆ,
ET THEOBALDI UXORIS, QUÆ OBIIT ANNO MCCLXXI,
REGINA NAVARRÆ, CAMPANIÆ COMITISSA ET BRIÆ PALATINA.
REQUIESCAT IN PACE.

Thibaut V était très-religieux, et, par une charte,
il déclara solennellement tenir en fief de l'évêque
de Langres les comtés de Bar-sur-Aube et de Bar-
sur-Seine, la seigneurie de Chaumont (elle dépendait alors de Bar-sur-Aube après avoir dépendu
de l'ancien comte de Boulogne), celles de Laferté,
Nogent, Montigny, Coiffy et la garde de l'abbaye
de Molesme *et de tout ce qui en dépend*. Mais son
hommage le plus solennel et le plus pompeux est

celui de 1268, où, en rase campagne, dans la vallée des Estaux , près Luzy et le Val des Ecoliers, entouré de toute sa cour, la tête nue et à genoux aux pieds de l'évêque en grand appareil , il se reconnut son vassal pour lesdits comtés et seigneuries.

La même cérémonie fut renouvelée , quelques années après, par Henri III, son frère et son héritier.

HENRI III *dit le Gros*, comte de Rosnay, succéda, en 1270, à Thibaut V, dans les comtés de Champagne et de Brie et le royaume de Navarre dont son frère l'avait déjà déclaré roi, au cas qu'il mourût dans son voyage d'outre-mer.

Il mourut à Pampelune, le 21 ou 22 juillet 1274, suffoqué par la graisse, laissant de Blanche d'Artois, fille de Robert frère de saint Louis, qu'il avait épousée en 1269, une fille appelée Jeanne, qui hérita des états de son père et les porta dans la maison de France, et que, peu avant sa mort, il avait fait reconnaître, en l'église cathédrale de Pampelune, reine de Navarre et comtesse palatine

de Champagne et de Brie. Déjà auparavant il avait
eu un fils nommé Thibaut , mort à l'âge d'un an
par un accident des plus extraordinaires : sa
nourrice et son gouverneur s'amusaient à se le
renvoyer l'un à l'autre par les fenêtres d'une haute
galerie ; mais ce dernier ayant par malheur manqué une fois de le recevoir, le jeune prince tomba
et fut tué sur le coup. Son gouverneur se précipita
par la même fenêtre et mourut de la même mort.

Après la mort de Henri III, sa veuve se remaria
à Edmond, comte de Lancastre, deuxième fils de
Henri III, roi d'Angleterre, qui prit la qualité de
comte palatin de Champagne et de Brie, comme on
le voit par une charte du chapitre de Vitry , en
1276.

JEANNE DE NAVARRE , seizième et dernière
comtesse de Champagne et de Brie, fille unique et
héritière de Henri III, lui succéda en 1274 : elle
était née en 1272, à BAR-SUR-AUBE, dans le château des comtes dont la tour de l'église Saint-
Maclou formait autrefois l'entrée.

Le 12 août 1284, elle épousa Philippe IV dit le Bel, âgé de quinze ans, fils et héritier présomptif de Philippe III dit le Hardi, roi de France, auquel il succéda l'année suivante. C'est ainsi qu'après environ quatre siècles, les provinces de Champagne et de Brie furent de nouveau , et pour toujours, réunies à la couronne de France.

La province de Champagne cessa dès-lors d'avoir ses États particuliers : le roi établit à Troyes des Grands-Jours ou Assises qui s'ouvraient deux fois par an et se continuèrent jusque sous Henri III, et nomma un gouverneur amovible auquel il donna le titre de *Maréchal de Champagne*.

Cette réunion souffrit cependant quelques diffi-cultés à la mort de Charles-le-Bel : Jeanne de France, comtesse d'Evreux, comme fille et héri-tière de Louis-le-Hutin, entra en possession du royaume de Navarre ; mais, à l'égard des comtés de Champagne et de Brie, dont elle était également héritière, Philippe de Valois les conserva et lui donna en échange les comtés de Mortagne, d'An-goulême et de Longueville, reversibles à la couronne de France si la reine de Navarre mourait sans enfants.

Arrêté en 1328, ce traité ne fut définitivement conclu qu'en 1336, à la majorité de Jeanne, pour lui enlever tout prétexte de réclamation, et ce n'est même qu'en 1361, au mois de novembre, que la réunion de ces provinces à la couronne, confirmée par le traité de 1404, fut expressément ordonnée par lettres patentes du roi Jean, *sans qu'à l'avenir elles puissent en être démembrées pour quelque raison que ce soit.*

La reine Jeanne était également belle, éloquente et libérale : elle gouverna ses états en sage et les défendit en héros, et, ajoute Mézerai, elle tenait tout le monde enchaîné par les yeux, par les oreilles et par les cœurs. En 1297, elle marcha contre le comte de Bar, pour défendre la Champagne où il avait pénétré, le força à se rendre à elle et à lui faire hommage de ce comté. Elle mourut à Vincennes, le 2 avril 1305, à l'âge de trente-trois ans, et fut enterrée aux Cordeliers à Paris. Avec elle s'éteignit, après quatre cents ans d'existence, la race illustre des comtes de Champagne (*y*).

Cette reine, amie des lettres, fit un grand nombre de riches fondations, entre autres, en 1304, le
collège de Champagne ou de Navarre à Paris, rue
et montagne Sainte-Geneviève, au portail duquel
on voit encore sa statue tenant ce collège en relief.

En 1286, elle donna permission aux Cordeliers
de la congrégation de Dijon d'établir un couvent à
Bar-sur-Aube, et les combla de bienfaits. Par une
charte de la même année, cette ville obtint encore
de Philippe-le-Bel, par son intervention, la confirmation de tous ses privilèges et le maintien de la
foire franche établie par Thibaut IV, et en 1306,
après la suppression des Templiers, ce roi fit don
aux Chevaliers de Malte de la chapelle Saint-Jean,
dépendant de la commanderie de Thors et de Gor-
gebin, située rue Saint-Michel à Bar-sur-Aube, et
qui leur appartenait.

Au commencement du XIV⁰ siècle, la ville de
Bar-sur-Aube fut indiquée pour faire une élection
d'Empereur et fut choisie pour lieu de réunion des
électeurs et princes de l'Empire. Voici comment le
R. P. Longueval, dans son *Histoire de l'Eglise*

Gallicane, tome XIII, pages 37 et 38, année 1322,
raconte ce fait curieux, qui, du reste, n'est confirmé par aucun autre historien.

« Le pape Jean XXII visait à réunir sur la tête
» de Charles-le-Bel, roi de France, la couronne
» impériale avec celle de France. C'était pendant
» les troubles que causait dans l'Empire la double
» élection faite en 1314 : les deux Empereurs élus
» étaient Louis, duc de Bavière, et Frédéric, duc
» d'Autriche. Frédéric avait été battu et fait pri-
» sonnier de guerre en 1322, par son compétiteur,
» à la journée de Muldorff. Pour obtenir sa liberté,
» il lui en coûta ce qu'il prétendait de ses droits à
» la couronne impériale, et Louis de Bavière se
» trouva en termes de ramener à son parti toutes
» les provinces de l'Empire. Mais il avait beaucoup
» d'obstacles à surmonter du côté de la cour d'A-
» vignon.... Le pape poursuivit Louis de Bavière
» par les armes spirituelles ; il l'excommunia et le
» déclara déchu de toutes ses prétentions à l'Em-
» pire.....

» Le projet de mettre le roi Charles sur le trône

» impérial avait suivi de près la défaite de Frédéric.
» Le roi, de concert avec la cour d'Avignon, con-
» clut un traité secret avec Léopold d'Autriche,
» qui promit de faire en sa faveur un parti consi-
» dérable parmi les princes de l'Empire. Sur ces
» entrefaites, Frédéric, frère de Léopold, fut déli-
» vré de prison, et comme il ne prétendait plus à
» l'Empire, les vues du roi de France ne trouvèrent
» aucune opposition de sa part. Les négociations
« entre Charles et Léopold s'avançaient de plus en
» plus, *on convint, des deux côtés, qu'il y aurait à*
» *BAR-SUR-AUBE une assemblée d'électeurs et de*
» *princes de l'Empire, pour élire le roi de France.*
» Charles s'y rendit avec une suite nombreuse ;
» mais il n'y trouva que Léopold, tous les autres
» princes, sans en excepter Jean de Bohème, beau-
» frère du roi..... s'étaient détachés du parti de la
» France, ou plutôt ne s'y étaient jamais portés
» d'inclination, et Charles-le-Bel n'avait ni ré-
» pandu assez d'argent, ni fait jouer assez de
» ressorts dans toutes les cours d'Allemagne pour
» réussir dans son projet. C'est ce que lui repro-
» chait le pape en 1325. »

Sous le régime de la féodalité, les peuples étaient souvent victimes des crimes des grands vassaux. Peu après la fatale bataille de Poitiers, en 1356, Bar-sur-Aube fut ravagé et tous ses titres brûlés par les Anglais depuis peu débarqués en France : des bandes de brigands armés parcouraient les provinces, rançonnant les villes, brûlant et pillant tout sur leur passage, et, loin de remédier au mal, les troupes du Régent, mal payées, n'étaient pas beaucoup plus scrupuleuses.

Parmi les plus barbares, on cite Eustache d'Auberticourt, chef d'aventuriers anglais, qui, à la tête de sept cents lances, et à la faveur de quelques châteaux sur la Marne et la Seine dont il s'était emparé, désolait impunément la Champagne.

« L'amour, dit une vieille chronique, avait fait
» de ce chevalier un héros (si on peut donner ce
» nom à un chef de bandits). Il aimait Isabelle, fille
» du comte de Juilliers, veuve du comte de Kent,
» et Isabelle répondait à sa tendresse, flattée qu'elle
» était de la passion d'un guerrier dont elle enten-
» dait chaque jour vanter les nombreux exploits. »

Depuis longtemps d'Auberticourt commettait les plus grands désordres, lorsque, en 1359, le Dauphin, depuis Charles V, désireux de purger le pays, lui opposa un adversaire de la même espèce; il chargea Brocard de Fénestrange, chef d'aventuriers lorrains, de le combattre, sous promesse de 30,000 écus de récompense, s'il délivrait la province de ses brigandages; et bientôt après, aidé de l'évêque de Troyes, il le battit et le fit prisonnier auprès de Nogent-sur-Seine, où les deux partis se détruisirent presque entièrement, ce qui procura un peu de calme à la malheureuse Champagne, mais il fut de peu de durée, car Fénestrange ayant réclamé le prix de ses services, et la cour, vu le mauvais état des finances, en ayant différé le paiement, il rassembla de nouvelles troupes, déclara la guerre au Dauphin, et commença les hostilités par le pillage et l'embrasement de Bar-sur-Seine. Peu de jours après il se présenta devant Bar-sur-Aube, réduisit en cendres la partie de la ville située sur la montagne, abattit la forteresse, ruina le faubourg Saint-Nicolas, et démolit le grand pont de dix-sept arches qui traversait

la rivière d'Aube en face la porte Neuve, c'est ce qui
sauva le reste de la ville. Cependant, après quelques
jours de siége, lorsque les habitants réfugiés de l'autre
côté de l'eau, bien que retranchés derrière des fossés
profonds, eurent perdu l'espérance d'être secourus,
ils se rachetèrent du pillage en payant une forte
contribution à ce brigand qui, bientôt après, fut
complètement battu, mais non pris, par l'armée
royale qui l'atteignit près de Châtillon-sur-Seine;
et comme il recommençait ses pillages, il fallut que
les villes de la province composassent avec lui pour
l'engager à quitter le pays, et le Régent même ne
put l'obliger à quitter le royaume qu'en lui payant
la somme qu'il lui avait promise.

On lit dans un ancien compte-rendu par un receveur de la collégiale de Saint-Maclou, que le
loyer des maisons appartenant au Chapitre, situées
dans le faubourg Saint-Nicolas, est tiré *pour mémoire*, attendu que les bâtiments ont été incendiés
par des brigands.

Après l'éloignement de Fénestrange, beaucoup
d'habitants se trouvant sans asile, par suite de la

destruction d'une partie de la ville, et dans leur im-
puissance de la rebâtir et de rétablir les fortifications, ce quartier fut abandonné, et on permit à ces
malheureux de construire sur la place d'armes des
barraques qui, plus tard, furent remplacées par des
maisons où leurs descendants se sont perpétués
jusqu'à nos jours ; puis, pour diminuer la dépense
qu'aurait occasionnée le rétablissement du vieux
pont, ils construisirent un nouveau pont dans un
endroit où le lit de la rivière est beaucoup plus res-
serré (à la place où est bâti le pont actuel), et, pour
communiquer directement avec la rivière, en face
ils ouvrirent la porte d'Aube qui fut fortifiée avec
soin.

D'après les renseignements recueillis à l'hôtel-
de-ville de Bar-sur-Aube, il paraît que, pendant la
captivité du roi Jean, le dauphin Charles trouva
de grands secours dans la fidélité de ses habitants.

L'usage de la poudre, inventée à la fin du XIIIe
siècle, se répandit bientôt en France, et, vers 1357,
les Barsuraubois garnirent leurs remparts, citadelle,
forteresse et corps-de-garde, de plusieurs canons

de fer, et creusèrent des mines dans l'intérieur de la
ville et en dehors des murs, à plus d'un quart de
lieue de distance, ils levèrent des troupes à leurs
dépens pour se défendre contre les attaques de l'ennemi, et firent forger des chaînes pour se barricader
dans les rues en cas de surprise.

En 1360, Edouard III, roi d'Angleterre, devenu
maître de Calais et de la province de Guyenne, par-
courut toute la Champagne, pour se rendre de
Reims en Bourgogne. Il passa, en chassant au vol,
sur le territoire de Bar-sur-Aube, à environ deux
cents pas au-dessus de la ville, dans le chemin de
Courcelange ou des Romains, suivi d'une très-forte
armée, pillant et rançonnant toutes les villes situées
sur son passage.

A cette époque désastreuse, Bar-sur-Aube et sa
citadelle servirent souvent de refuge aux habitants
des villages voisins, fuyant avec leurs femmes et
leurs enfants, chargés de tout ce qu'ils pouvaient
ravir à la fureur du soldat et aux déprédations
d'aventuriers de toutes les nations qui brûlaient les
moissons, violaient les femmes, égorgeaient les en-

fants, se logeaient de force dans les maisons, et
dévastaient tout ce malheureux pays, dont la peste
et la famine achevèrent la ruine.

Vers ce même temps fut ruiné un village situé à
deux ou trois kilomètres de Bar-sur-Aube, sur une
colline au nord de cette ville. En cultivant les vignes,
on trouve encore des restes d'habitation, mais on
ignore le nom que portait ce village.

C'est en considération de tous ces malheurs, ainsi
que des dépenses faites par les Barsuraubois pour
subvenir aux frais de la guerre, et en même temps
pour les récompenser de leur belle conduite et de
leur fidélité, que, par des lettres patentes datées du
mois d'avril 1360, Charles V, encore régent du
royaume, leur fit concession à perpétuité des fossés
du tour de la ville et de la forteresse, à la charge
par eux d'entretenir les murs, sans pouvoir toutefois aliéner les fossés ; mais, par une négligence in-
croyable, jamais ces lettres n'ont été vérifiées ou
confirmées par d'autres rois, ni registrées au parlement.

Voici la copie textuelle, exactement collationnée,

de cet acte si honorable pour notre ville, *qu'on croyait perdu depuis longtemps, et qu'un heureux hasard nous a fait retrouver.*

« CHARLES *l'Aîné, fils du Roy de France et* » *Régent le royaume,* Duc de Normandie et Dalphin
» de Viennois, sçavoir faisons a tous présens et a
» venir, *de la partie de nos bien amez les Bourgeois*
» *et habitans de Bar-sur-Aube, ville et justice de*
» *Monsieur et de nous, Nous avoir esté exposé* que
» comme ils ayent esté et soient moult chargés de
» grands frais, missions et dépens qu'il leur a con-
» venu faire et soutenir le temps passé, font encore
» et soutiennent de jour en jour pour occasion *des*
» *guerres, tant en l'emparement et fortifications de*
» *ladite ville de Bar, comme en grand nombre de gens*
» *d'armes et archers,* lesquels ils ont tenu par longtems
» et tiennent encore a grands gages et dépens pour
» la tuission, garde et défense de ladite ville de Bar,
» et aussy en vuidier, emonder les fossez d'entour
» ladite ville qui tous estoient plains de terre et de
» bourbe qui appartiennent a Monsieur et a nous,
» lesquelles choses ils ont faittes et font encore de
» leur propre sans qu'ils ayent eu sur ce de Monsieur
» ou de nous aucune remuneration, combien que
» Monsieur et nous soyons tenus de soutenir et main-
» tenir icelle ville de Bar de notre propre, sy comme
» nous sommes suffisamment enfourmez ;

» Pour ce est-il que *nous Considérant les choses des-*
« *sus dites et que ladite forteresse et ville de Bar étoit*
« *la plus ruineuse avant que on l'emparast et enfor-*
« *ceast qui fut en toute Champagne,* et aussy en
» remuneration et recompensation des choses dessus
» dites et pour contemptation d'aucuns de notre Li-
» gnage qui sur ce nous ont humblement suplié et
» requis, *A yceux Bourgeois et Habitants avons*
» *donné et octroyé,* et par ces présentes donnons et
» octroyons de grâce spécialle et de nôtre science,
» pleine puissance et authorité royalle dont nous
» usons, *tout tel droit partie et portion comme*
» *Monsieur et nous pouvons avoir eu es fossez d'en-*
» *tour ladite ville et forteresse de Bar a tenir, avoir*
» *et posséder lesdits Bourgeois et Habitans a tou-*
» *jours et perpétuellement comme leur propre chose,*
» *sauf et réservé a Monsieur et a nous toute la justice*
» *ou souveraineté et aussy que tout le profit et emolu-*
» *ment qui issera d'iceux fossez tout soit tourné et*
» *commis desormais par iceux bourgeois et habitans*
» *au soutennement réparation et refection de ladite*
» *ville et forteresse de Bar, et pourvu aussy que iceux*
» *fossez ils ne transporteront en autre main que la*
» *leur,* sy donnons en mandement par la teneur de
» ces presentes a tous les Justiciers et Officiers
» Commissaires et Sujets de Monsieur et de nous
» présent et a venir ou a leurs lieutenants et a cha-
» cun d'iceux, que lesdits Bourgeois et Habitans
» fassent et souffrent joyr et user paisiblement, he-

» reditablement et perpetuellement a toujours mais
» de notre dit don et octroy, et contre la teneur de
» ces presentes ne les contraignent, molestent ou em-
» pechent ou souffrent estre contraints, molestez ou
» empechez dorenavant en aucune manière, et pour
» que ce soit ferme chose et stable a toujours nous
» avons fait mettre a ces lettres notre scel, *sauf en*
» *autres choses le droit de Monsieur et de nous*, en
» toutes l'autruy.

» Donné à Paris l'an de grâce mil trois cens et
» soixante au mois d'Avril. »

Au dos est écrit : « Par Monsieur le Regent,
» presens Monsieur le Comte d'Etampes, Messire
» Adam de Meleun et Messire Jean De La Rivière.

» *Signé* : MICHIEL. »

Ce sage roi mourut en 1380. Peu après sa mort,
les Anglais, sous prétexte de venger celle de Jean
de Montfort, duc de Bretagne, débarquèrent à
Calais, envahirent encore une fois la Champagne et
le Vermandois, s'avancèrent jusqu'aux portes de
Bar-sur-Aube, dont ils ne purent s'emparer, et
brûlèrent les hameaux de Courcelles et de Sainte-
Germaine, qui n'ont pas été rebâtis depuis et dont
les habitants se réfugièrent dans les paroisses voisi-

nes : leur territoire, réuni depuis la Révolution à
celui de Bar-sur-Aube, relevait auparavant, le
premier de la seigneurie de Jaucourt, et le second
du prieuré de Saint-Pierre.

Pendant l'espace d'un mois, ces farouches insu-
laires mirent toute la contrée à feu et à sang, brûlèrent plus de six cents villages qui étaient dans l'im-
puissance de payer des contributions en vivres et en
argent assez fortes pour se racheter de l'incendie,
et dont les populations éperdues s'enfuyaient devant
eux , jusqu'à ce qu'enfin la noblesse de Champagne,
réunie au gouverneur de la province, parvint à les
chasser en les harcelant sans cesse, sans jamais ris-
quer une bataille définitive.

En 1371, le 17 septembre , l'évêque de Langres
établit et promulgua à Bar-sur-Aube une confrè-
rie de Saint-Jacques-le-Majeur qui n'existe plus
depuis longtemps.

Chapitre Neuf.

Procès entre les habitants et le Chapitre de Saint-Maclou au sujet de la dîme. Donation par Charles VII de la ville à Jacques de Croy ; les habitants se rachètent. Le Bâtard de Bourbon, sa mort. Erection de l'hôpital Saint-Nicolas en prieuré. Etablissement d'un octroi. Bar-sur-Aube pillé par les Espagnols ; il ouvre ses portes aux Ligueurs ; lettre menaçante du duc de Guise ; fidélité des habitants.

En 1393, les chanoines de Saint-Maclou eurent un procès avec les habitants de Bar-sur-Aube, au sujet de la dîme et des autres droits (z) : le mémoire de ces derniers, comme demandeurs, offre un détail très-curieux de tous leurs griefs contre les chanoines, tels que : — « leur penchant pour le luxe et leur amour de la chasse. » — On les accuse encore « de laisser faire le service de leurs paroisses à de pauvres vicaires *peu sachant*, d'exiger des

Chapitre Neuf.

Procès entre les habitants et le Chapitre de Saint-Maclou au sujet
de la dîme. Donation par Charles VII de la ville à Jacques de Croy ;
les habitants se rachètent. Le Bâtard de Bourbon, sa mort. Erection de l'hôpital Saint-Nicolas en prieuré. Etablissement d'un
octroi. Bar-sur-Aube pillé par les Espagnols ; il ouvre ses portes
aux Ligueurs ; lettre menaçante du duc de Guise ; fidélité des
habitants.

En 1393, les chanoines de Saint-Maclou eurent
un procès avec les habitants de Bar-sur-Aube, au
sujet de la dîme et des autres droits (*z*) : le mémoire de ces derniers, comme demandeurs, offre un
détail très-curieux de tous leurs griefs contre les
chanoines, tels que : — « leur penchant pour le
luxe et leur amour de la chasse. » — On les accuse
encore « de laisser faire le service de leurs paroisses à de pauvres vicaires *peu sachant*, d'exiger des

contributions énormes, de ruiner leurs créanciers,
de prendre ou vendre à leur profit toute la cire
qu'on leur donne, au point que l'église en est mal
fournie, et qu'ils n'accompagnent le Saint-Viatique
qu'avec une lanterne, etc, etc. »

Pour la clarté de ce récit, il est nécessaire de re-
prendre les faits d'un peu plus haut, et un peu plus
en détail.

Les pélerinages aux Saints-Lieux ayant diminué
de beaucoup le nombre des prêtres séculiers, les
chanoines de Saint-Maclou mirent à profit cette
circonstance pour s'aggrandir et accroître leurs revenus, et peu d'années après leur fondation, en
1178, Regnault, évêque de Langres, leur accorda
la faculté de célébrer leur office dans l'église de
Sainte-Marie-Magdeleine , à cause de la petitesse
du lieu où ils avaient d'abord été installés ; mais
les donations qui leur furent faites depuis par les
comtes de Champagne des bâtiments du château et
des maisons circonvoisines, les engagèrent à rester
dans le Cloître de Saint-Maclou ; ils continuèrent,
toutefois, pendant longtemps, à fournir des prêtres

pour desservir les cures de la ville et des villages
voisins, si bien que, le 12 mars 1393, ils obtinrent
du pape Clément VII une bulle d'union à la collégiale de Saint-Maclou, des cures de Saint-Pierre et
de Sainte-Magdeleine, ordonnant que leurs revenus seraient perçus par les chanoines du chapitre
de Saint-Maclou, après la mort des curés titulaires
qui, moyennant des rentes annuelles et viagères,
consentirent à abandonner par avance leurs cures
dont les chanoines entrèrent de suite en possession.
Cette union, cependant, n'a jamais été confirmée
par lettres patentes, mais le concile de Trente ayant
chargé les évêques de recevoir les unions faites
quarante ans avant le 1er janvier 1564, le roi,
par une déclaration de 1737, adopta ce tempéra-
ment, en payant par les chapitres décimateurs les
portions congrues, et présentant, pour la desserte
des églises, des curés ou vicaires perpétuels.

L'année même de cette cession, il y eut des plaintes et des procès-verbaux à l'hôtel de ville, à l'occasion des droits trop considérables exigés par le
chapitre, et l'année suivante, les habitants, mécon-

naissant ses droits, refusèrent de lui payer la dîme ;
c'est pourquoi, en 1396, les chanoines portèrent
plainte aux Grands-Jours de Troyes : ils rappelè-
rent les union et abandon mentionnés ; dirent que
les habitants devaient leur livrer la dîme du quinzième de toutes leurs récoltes, comme ils le faisaient
ci-devant entre les mains des curés, et qu'au mé-
pris de leurs droits, les habitants avaient non-seulement refusé de payer cette dîme, mais encore
qu'ils n'avaient pas voulu consentir à ce que les
gens envoyés par eux visitassent les maisons, pour
reconnaître si on leur donnait bien la vraie dîme,
quoique tel fut l'usage.

Sur cette plainte il intervint condamnation contre
les habitants de Bar-sur-Aube et les droits des
chanoines furent confirmés.

Les défendeurs, opposant à l'exécution de cette
sentence, firent rejuger l'affaire, et le nouveau jugement renvoya les parties devant le parlement,
ordonnant que vingt témoins de chaque côté seraient
entendus dans l'affaire.

C'est en cette circonstance que les habitants de
Bar-sur-Aube prirent les conclusions suivantes :

« Qu'ils possèdent des vignes à Urville, au Val-
Perdu, aussi bien qu'à Bar, et qu'ils doivent, il
est vrai, le quinzième de la vendange pour dîme,
savoir : moitié au curé du lieu où sont les raisins
et moitié au curé du lieu où ils demeurent ;

« Mais qu'ils sont libres, lorsque ceux à qui
appartient la dîme ne viennent point la prendre en
vendange, de mettre le quinzième à part, sans que
ceux-ci puissent pénétrer dans leurs maisons pour
s'assurer de la qualité et de la quantité de la récolte ;

» Que, d'ailleurs, ils se sont opposés à ce que
leurs maisons fussent visitées en 1394, que, par
conséquent, il s'est écoulé plus d'une année jusqu'à
l'époque où les chanoines ont porté plainte, que,
dès-lors, la possession leur est acquise ;

» Que, dans leur plainte, les chanoines n'ont point
mentionné l'union des cures de Saint-Pierre et de la
Magdeleine à la cure de Saint-Maclou, ayant agi
en leur nom personnel ;

» Que cette union n'est d'aucune valeur, et qu'en
supposant qu'elle fut véritable, les chanoines ne
peuvent s'en prévaloir, puisqu'elle ne doit avoir

son effet qu'après la mort des curés qui occupent lesdites cures, lesquels existent encore ;

» Et qu'ils doivent être maintenus dans leur possession et les chanoines déboutés de leur demande, non fondée et nulle, comme n'ayant pas été formée dans l'année. »

Voyant les difficultés qu'éprouvait l'exécution de cette bulle, les chanoines transigèrent avec les prieur et religieux de Saint-Pierre, qui accordèrent au chapitre tous les droits curiaux et d'inhumation, à condition qu'ils conserveraient le titre et les prérogatives de curé primitif dans l'église de Saint-Pierre, et qu'il leur serait cédé une ferme située au finage de Trémilly.

En faveur de cette transaction, et en considération des services rendus aux paroisses par les chanoines, Gauthier, évêque de Langres, érigea un bénéfice-cure dans l'église de Saint-Maclou, et les chanoines furent ainsi dispensés de se faire inhumer sur la montagne Sainte-Germaine où, dans l'origine, leur cimetière avait été établi, en vertu des lois romaines qui ordonnaient d'enterrer les morts hors

des villes ou villages, dans des lieux aérés, et à la
distance de 3 ou 400 toises des habitations.

Cette cession généreuse par l'évêque de Langres
d'un bien qui ne lui appartenait pas ne rétablit point
la paix, mais, par une déclaration du roi, de 1661,
qui ordonna qu'à l'avenir les cures seraient desservies par des prêtres inamovibles et en titre de bénéfice à vie, le chapitre de Saint-Maclou fut main-
tenu en possession des dîmes et du droit de présentation aux cures ou vicairies perpétuelles de Bar-
sur-Aube, et un arrêt du parlement de Paris, du
21 mars 1684, conserva au prieur de Saint-Pierre
le titre et les droits de curé primitif dans l'église
paroissiale de ce nom, réglant en même temps que,
« le jour de la fête du Saint-Sacrement, le prieur
ferait sa procession à neuf heures et demie du matin,
immédiatement après la procession générale du
chapitre, à laquelle tous les corps ecclésiastiques et
laïcs étaient invités à assister. »

Le même arrêt de 1684 avait distingué l'église
Saint-Pierre en deux parties, l'une prieurale et
l'autre paroissiale, et avait ordonné que le chapitre

serait seulement tenu de faire les réparations du
chœur de la paroisse auprès de la grille du prieuré ;
mais en 1697 un des piliers du chœur prieural
ayant manqué et entraîné dans sa chûte les voûtes
et les croisées de l'autre côté, les marguilliers agi-
rent contre le chapitre qui fut condamné à rétablir
le dommage, alors Dom Henri d'Archiniac, abbé
de Saint-Claude et prieur de Saint-Pierre, qui
n'avait point été partie au procès, se pourvut en
cassation contre ce chef, et obtint au Grand-Conseil,
le 11 mai 1701, un arrêt de cassation. Le chapitre
appela au Conseil Privé du roi, mais le 25 juin
1726, par la médiation de l'évêque de Langres,
Mgr Pierre de Pardaillan de Gondrin d'Antin, alors
en visite à Bar-sur-Aube, il fut passé devant notaire une transaction sur procès, entre le prieur de
Saint-Pierre, le chapitre, M. Hubert Chausserat,
vicaire perpétuel de l'église, et MM. Claude Les-
cure, Nicolas Dubois et Jean Gauthier, marguilliers,
homologuée au Conseil d'Etat le 1er mai 1728, par
laquelle il fut convenu qu'il n'y aurait plus à l'a-
venir dans l'église Saint-Pierre qu'un seul chœur

et un seul et même office, tant pour la desserte du prieuré que pour celle de la paroisse, et que le chapitre paierait à la fabrique une somme de 3,000 livres comptant, plus une rente annuelle et perpétuelle de 100 livres pour les réparations du chœur dont elle demeurerait seule chargée.

Réuni de nouveau au domaine de la couronne, avec le reste de la Champagne, Bar-sur-Aube, après les récentes faveurs qu'il avait obtenues des rois Philippe IV et Charles V, pouvait espérer qu'il n'en serait plus désuni. Son espoir fut de courte durée : en 1435, Charles VII, par suite du traité d'Arras, céda cette ville, avec tous ses droits, à *Jacques de Croy* ; mais bientôt après, les habitants, fiers de l'honneur d'appartenir au roi et voulant se conserver le titre de ville *royale*, aliénèrent leurs bois et une partie de leur rivière, afin de pouvoir racheter leur ville, et la lui rendirent généreusement, sous la condition expresse, homologuée à la chambre des Comptes, *que le roi ni ses successeurs ne pourraient jamais à l'avenir ni la vendre ni l'aliéner.*

M. Maupas père, dans les *Recherches sur l'arron-*

dissement de *Bar-sur-Aube* insérées dans l'*Annuaire de l'Aube* de 1837, et l'auteur anonyme d'un petit *Essai* publié en 1838, ont placé cette concession en 1318 ou 28, et l'ont attribuée à Philippe V, c'est une double erreur dont fera foi le texte même de la donation dont l'original existe dans les archives de la ville :

« De par le Roy,

» Chers et bien amez, vous savez ou povez assez
» avoir scu coment en faisant le traicté de paix qui
» nagaire a esté fait à Arras, entre nous et nostre
» très cher et très amé frère et cousin le Duc de Bour-
» gogne, a esté promis donner à nostre cher et féal
» cousin le Seigneur de Croy, la ville, terres et chas-
» tellenie de Bar-sur-Aulbe, avec ses appartenances,
» à rachat de certaines sommes plus amplement dé-
» clarées en nos lettres patentes sur ce à lui octroyées,
» et pour ce nous voulons tout ce qui par nous a esté
» promis et accordé touchant ladite paix estre tenu et
» accomply, nous vous mandons ce en obtempérant
» au contenu en nosdites lettres, vous obéissiez et
» donniez et fassiez donner toute obéissance à nostre-
» dit cousin le Seigneur de Croy ou à ses gens.

» Donné à Chinon, le sixième jour de février.

» Signé CHARLES. »

Le traité d'Arras fut conclu en 1435, et Charles VII est le seul de nos rois qui ait tenu sa cour à
Chinon.

En ces temps malheureux, l'autorité royale était
entièrement méconnue et la France dévastée par
des compagnies d'aventuriers que le peuple appelait
Ecorcheurs, parce qu'ils enlevaient jusqu'aux vête-
ments de ceux qui avaient le malheur de tomber
entre leurs mains. Charles VII, par la rigueur dont
il usa envers ces bandits, sut arrêter la licence des
gens d'armes et ramener la paix ; mais ce qui surtout lui gagna le cœur de ses sujets et rendit son
autorité redoutable, ce fut le supplice du Bâtard de
Bourbon, un de leurs principaux chefs.

Voulant arrêter le cours de ces brigandages, il
rassembla des troupes qu'il envoya dans différentes
provinces, et se rendit lui-même en Champagne où
il reprit plusieurs forteresses, cassa plusieurs gouverneurs de ville, et, après avoir séjourné quelque
temps à Troyes, il vint à Bar-sur-Aube où il fit
arrêter ce seigneur qui était venu l'y trouver.

« L'an 1440, la veille du jour de l'an (*aa*), dit

» Alain Chartier, auteur contemporain, se partit
» Charles VII, et vint par ses journées au pays de
» Champaigne, et là mit plusieurs chasteaux et for-
» teresses en ses mains, ès quels se trouvaient nom-
» bre de capitaines et gens d'armes qui faisoient
» moult de maux ès dits pays, comme le Bastard de
» Bourbon, Charles Servoles, et autres des Marches
» du Barrois et de Lorraine, espécialement le Da-
» moiseau de Commercy, à qui le Roi pardonna et
» aux autres capitaines, hormis le Bastard de Bour-
» bon qui fut prins, mis dans un sac et jeté dans la
» rivière à Bar-sur-Aube. »

Alexandre, bâtard de Jean I⁰ʳ et ancien chanoine
de Beaulieu, était pillard, avare et cruel, il avait
commis des horreurs : Un pauvre homme vint se
plaindre au roi que ce capitaine d'Ecorcheurs, par
une insigne dérision, avait fait violence à sa femme
sur le coffre même où il l'avait renfermé, puis l'a-
vait fait battre et meurtrir de mille coups. Toutefois, le roi ne l'eut pas choisi de préférence à tant
d'autres coupables des mêmes crimes, s'il n'eût pas
eu des raisons particulières pour en agir ainsi ; mais

il se rappelait que c'était lui qui avait emmené le
Dauphin à Niort, et il savait que, tout récemment
encore, il était allé trouver le duc de Bourgogne
pour lier quelque intelligence entre ce prince et le
duc de Bourbon : telles furent les véritables causes
de sa mort. Son procès fut instruit immédiatement
par le prévôt des maréchaux de France, et il fut
condamné à être noyé, ce qui fut exécuté le 31 décembre 1440.

Ce genre de supplice était alors très en usage en
France, c'est de là et de celui de la potence que
nous est venue l'expression proverbiale de *gens de
sac et de corde* pour désigner des scélérats.

Cet acte de sévérité produisit le plus salutaire
effet ; il fut applaudi de tous et fit tout rentrer dans
le devoir. Le duc de Bourbon fut très-irrité de la
mort de son frère ; mais le roi ne le craignait plus,
en lui accordant sa grâce, il l'avait obligé à lui remettre Loches, Sancerre, Corbeil et Vincennes, et
il était maintenant hors d'état de rien entreprendre.

Les amis du Bâtard de Bourbon le firent retirer
de l'eau et enterrer honorablement ; puis, au milieu

du pont d'Aube, à l'endroit même où il avait été jeté, ils firent élever une petite chapelle qui s'y voit encore maintenant.

Vers cette même époque, l'hôpital de Saint-Nicolas fut érigé en prieuré de l'ordre du Val des Ecoliers.

« Le 6 août 1437, dit un écrit du temps, Jehan Jobert, chanoine et archidiacre de Langres, en présence de Jehan de Moustier, écuyer et garde des sceaux en la prévôté de Bar-sur-Aube, en exécution de la bulle du pape Eugène IV et des lettres de Philippe, évêque de Langres, après confirmation de 'état du monastère, de la détérioration des bâtiments, de l'absence de l'abbesse et des religieuses, etc., supprime et éteint en ce monastère la dignité abbatiale, et l'érige en *prieuré conventuel* de l'ordre du Val des Ecoliers, et, pour cette fois, nomme prieur Jacques de Bourgogne, prêtre dudit ordre, laissant par la suite aux religieux le droit d'élection. »

Il est toutefois à remarquer, au sujet de ce changement dont les pauvres ne retirèrent aucun profit, que ces lettres et cette bulle n'ayant été enregistrées en aucune cour souveraine ni suivies de lettres pa-tentes du roi, cette prise de possession pouvait être considérée comme une véritable usurpation.

Par lettres patentes de Louis XII, du 25 août 1503, il fut établi un octroi à Bar-sur-Aube, par lequel « les habitants, *en récompense de leurs bons et loyaux services*, étaient autorisés à prendre, en outre du droit de gabelle et de celui payé par le marchand, deux sous parisis sur chaque minot de sel ; ledit octroi devant servir aux réparations, for-tifications et emparements de ladite ville, qui tom-bent en ruines, à la charge par eux de rendre compte des recettes et de l'emploi des produits. »

Cet octroi, qui n'était que temporaire, fut con-tinué par lettres du même roi, en 1507 et 1513 ; de François Ier, en 1516, 1521, 1529, 1535 et 1537 ; de Henri II, en 1552 et 1558 ; de Charles IX, en 1568 et 1574 ; de Henri III, en 1579 et 1586 ; de Henri IV, avec augmentation de deux sous, en 1594 et 1601 ; et de Louis XIII, en 1615. Il fut supprimé le 17 brumaire an X.

En 1544, Bar-sur-Aube eut beaucoup à souffrir
du siège de Saint-Dizier par l'empereur Charles-
Quint. Les habitants prirent les armes, et, préparés
à soutenir un siége, ils firent sortir toutes les bouches
inutiles. Les vieillards, les femmes et les enfants se
retirèrent dans les bois de Clairvaux où ils restèrent
cachés pendant six semaines, avec leurs effets les
plus précieux.

François Pithou, dans son *Histoire du diocèse de
Troyes*, raconte qu'en 1574, « une compagnie de
reitres et de lansquenets vint par Latrecey descen-
dre dans Clairvaux. Mécontents de ne pas trouver
de subsistances sur leur route, et furieux de voir les
fours et les moulins détruits, ils pointent l'artillerie
contre l'abbaye, l'attaquent, la prennent, la pillent,
et font fuir les religieux qui se retirent, partie dans
les bois, partie dans leur maison de refuge à Bar-
sur-Aube ; mais, bientôt après, les brigands tombent
sur cette ville, frappent indistinctement hommes,
femmes et enfants, brûlent le faubourg Saint-
Nicolas, chassent les pauvres de l'hôpital, enlèvent
les vases sacrés de la chapelle, violent et tuent une

jeune hospitalière : une plus âgée mourut de frayeur ; et ne se retirent qu'après avoir épuisé les vivres, égorgé les vaches dans l'étable et dévalisé la maison. »

Vers le même temps, en 1577, le duc de Guise dit le Balafré se présenta, entre onze heures du soir et minuit, devant Bar-sur-Aube, avec deux cents hommes de cavalerie, menaçant de brûler la ville qui, n'ayant aucun moyen de défense, lui ouvrit ses portes, et même, par peur, embrassa le parti de la Ligue; mais en 1594 elle revint à ses premiers sentiments de loyauté et de fidélité envers son roi, qu'elle avait sacrifiés à un faux zèle de religion, et dont, bientôt après, elle lui donna des preuves.

Mécontents de l'administration de Concini, maréchal d'Ancre et premier ministre, qui gouvernait sous le nom de la reine-régente Marie de Médicis, plusieurs seigneurs se révoltèrent en 1616 et prirent les armes contre la cour. Le roi envoya une armée contre eux, et le duc de Guise (le fils du Balafré), qui avait pris parti dans cette ligue, dont Henri II,

prince de Condé, s'était déclaré le chef, écrivit aux
habitants de Bar-sur-Aube une lettre menaçante
ainsi conçue :

« Messieurs de Bar-sur-Aube, l'armée royale
» s'avance, je vous invite à fermer vos portes, et
» je vous préviens que si vous n'entrez pas dans le
» parti de la ligue du prince de Condé, je viendrai
» vous brûler aussitôt que les troupes du roi seront
» retirées. »

Les Barsuraubois restèrent fidèles, et les succès
de l'armée royale, suivis de la mort de Concini, tué
sur le pont du Louvre, qui mit fin à la guerre, em-
pêchèrent les insurgés de pouvoir exécuter leurs
menaces.

Chapitre Dix.

Louis XIII confirme les priviléges de la ville ; il supprime les foires.
Garnison. Les fossés sont désséchés et convertis en jardins ; pro-
cès à ce sujet. Louis XIV, Louis XV, etc., sont reçus à Bar-sur-
Aube. Rosières.

En 1615, Louis XIII confirma tous les priviléges
accordés à la ville par les rois ses prédécesseurs, et,
au mois de janvier 1631, par une nouvelle faveur,
il exempta les habitants *de payer le sou pour livre sur*
les vins et autres denrées et marchandises vendus par
eux ou les marchands forains pendant tout le temps
de la foire, ainsi qu'il a été de tout temps auparavant,
puis, en 1636, une peste, qui dura près de douze
ans, ayant interrompu le commerce et dépeuplé la
ville et les environs, il supprima cette foire, que les

étrangers avaient cessé de fréquenter, et la réunit à
celles de Lyon.

Le 20 décembre 1644, deux compagnies du
régiment de cavalerie de Monseigneur le duc
d'Enghien, gouverneur de Champagne et de Brie,
commandées par le baron de Briord et le comte de
Grandpré, prirent garnison à Bar-sur-Aube, et
comme ces deux seigneurs avaient une lettre de cachet pour trois autres compagnies du même régiment, pour l'empêcher, on leur donna 3,000 livres
et vingt sous par cavalier, à raison de cinquante
hommes par compagnie, ce qui n'empêcha pas,
quelques jours après, une nouvelle compagnie d'entrer dans la ville, et par son moyen, sur l'exprès
commandement du duc, Louis Yardin, écuyer, sieur
d'Ailleville, fut reçu et installé, le 4 janvier, par
Louis Dubois, président en la prévôté, malgré l'opposition des habitants.

Sommés de satisfaire à l'accord fait relativement
aux *vingt sous* promis à chaque cavalier, les Barsuraubois, trop pauvres pour payer, rompirent leur
engagement et ne voulurent plus en donner que *dix;*

alors, pour les y contraindre, le sieur de Briord, qui commandait les trois compagnies, fit faire le désordre dans la ville depuis le 20 janvier jusqu'au 21 février suivant , et les habitants furent si maltraités dans cet intervalle que quarante à cinquante abandonnèrent leurs maisons, et que les autres, après avoir fait éclater leurs plaintes de toutes les manières, se disposaient à en faire autant, lorsque, pour faire cesser le désordre, on passa, le 21 février , un nouvel acte avec les chefs des compagnies , par lequel ils s'engagèrent à payer *seize sous* par cavalier, et par jour, et *vingt sous* aux chefs, officiers et cavaliers, qui s'étaient abstenus. (*Procès-verbaux adressés au duc et à l'intendant.*)

Cette garnison coûta à la ville 50,607 livres 4 sous, dont 3,000 furent employés en rachat de rentes, et, pour effectuer ce paiement et payer les 3,000 livres aux sieurs de Briord et de Grandpré, et les 1,000 de frais faits en cette occasion, on quadrupla la taille de 1644 qui , de 6,336 livres 8 sous, fut portée à 25,325 livres 12 sous.

L'année suivante, les habitants de Bar-sur-Aube,

à la recommandation de M. le marquis d'Andelot, furent exemptés de garnison et du logement des gens de guerre, par M. et Mme la comtesse de Coligny, à dater du 5 novembre 1645, en leur payant 5,000 livres et en nourrissant leurs chevaux, mais pendant cette année et le quartier d'hiver seulement.

Pour parvenir à payer cette somme, nourrir deux valets et neuf chevaux qui furent envoyés le 15 décembre 1645, et payer les frais faits pour obtenir l'exemption, on leva une taxe de 4,100 livres, « *et moyennant cela,* dit la délibération du conseil, *l'on n'a vu que réjouissances publiques et particulières dedans la ville, lesdits habitants, après une oppression par eux soufferte pendant le quartier d'hiver dernier, qui n'a point de compagne, s'estimant estre au comble du bonheur, et supplyant la divine bonté de les continuer à l'advenir dedans les mêmes félicités* »

Mais cette joie fut de courte durée, car, après la prise de Lamotte, en Lorraine, d'où le duc Charles étendait ses courses dans toute la Champagne et même la Bourgogne, toutes les villes des élections de Bar-sur-Aube, Chaumont et Langres, durent fournir un certain nombre de pionniers pour démolir et raser cette ville : Bar-sur-Aube en fournit douze pendant deux mois, ce qui lui coûta 400 livres ; et un peu plus tard, le traité fait avec M. et Mme la comtesse de Coligny fut rompu par *les mauvaises pratiques* du sieur d'Ailleville, qui fit prier le duc de Châtillon, par le cardinal de Mazarin, de retirer sa protection aux habitants de Bar-sur-Aube, et, par suite, une compagnie fut envoyée en garnison dans la ville, à laquelle, par l'ordre du duc d'Enghien, il fallut donner pour son quartier d'hiver une somme de 3,000 livres qui fut prise sur les tailles de l'année.

Toutes ces dépenses successives avaient mis la commune dans la nécessité d'emprunter à des particuliers : en 1692, elle se trouvait encore endettée de 46,500 livres, et comme, malgré tout le bon vouloir des habitants, qui déjà avaient fait plusieurs paiements sur les caisses d'octroi et des deniers patrimoniaux, et qui supportaient encore de nombreuses impositions extraordinaires, il arrivait souvent que les bourgeois les plus riches étaient

arrêtés dans leurs voyages et détenus dans les prisons de Paris, par des créanciers impitoyables, pour
le paiement de cette dette, poussés à bout par ces
vexations, ils s'adressèrent au roi qui, le 28 juillet
1733, rendit en leur faveur un arrêt en son conseil,
par lequel les anciennes dettes de la ville furent
déclarées prescrites et présumées acquittées.

Au XIIIe siècle, les fossés de la ville étaient remplis d'eau et peuplés de poisson dont la pêche était
adjugée et le produit employé à l'entretien des
murs. Par la suite, les eaux s'étant perdues, ils ne
présentèrent plus que des marais stériles et nuisibles
à la salubrité de l'air, et comme, en cet état, ils ne
produisaient plus rien à la ville, qui, avec eux,
perdait sa seule ressource pour entretenir sa clôture,
le 27 avril 1733, elle prit le sage parti de les faire
dessécher et de les louer à divers particuliers chargés d'en faire le défrichement et de les convertir en
nature de jardin, à raison de cinq sous la corde
(20 pieds), pendant neuf ans, avec promesse, lors
du renouvellement, d'accorder la préférence aux
édificateurs ou à leurs héritiers. C'est alors que,

pour rendre ces jardins plus agréables, elle fit
creuser et diriger le ruisseau qui maintenant encore
en fait le tour.

En 1778, il s'éleva de grandes difficultés au sujet
de la laissée des jardins, qu'on oua à l'enchère,
sans égard aux droits des défricheurs dont quelques-uns refusèrent de signer de nouveaux baux et
néanmoins se maintinrent en possession des parties
de terrain qui leur avaient été précédemment
cédées.

Les choses étaient en cet état lorsque, en 1781,
un arrêt du Conseil, et, plus tard, la loi du 1ᵉʳ décembre 1790, vinrent restituer à la ville son patrimoine. En conséquence, le 23 octobre 1791, à
la suite d'un arpentage, il fut décidé que les jardins
seraient adjugés par bail, au profit de la commune,
au plus offrant et dernier enchérisseur, pour vingt-
sept années consécutives commençant à la Saint-
Martin (11 novembre); à la charge par les locataires de bien cultiver, en manière de jardin pota-
ger et non autrement, les terrains qui leur seraient
loués; réparer les haies; curer le ruisseau deux

fois par an, au printemps et en automne, et de ne
pouvoir faire au-delà aucune culture ou construction
qui pourrait gêner l'écoulement de ses eaux, de
manière qu'il ait neuf pieds de largeur à son ouverture et six à son embouchure par la vanne de dé-
charge qui le conduit dans la rivière d'Aube par le
canal extérieur de l'égoût de Jérusalem, proche le
moulin du Haut ; ni planter des arbres qui pourraient nuir à la vue des propriétaires des maisons
voisines.

Pour ce qui est des portes, ponts et cabanes,
qu'ils auraient fait élever pour leur agrément, il
fut décidé qu'ils pourraient les enlever à la fin du
bail, sauf aux nouveaux locataires à prendre avec
eux tels arrangements qu'ils jugeraient convenables ;
et que, chaque année, il serait fait une visite par
des commissaires nommés par la municipalité, pour
constater qu'il n'a point été contrevenu aux clauses
du bail.

Le 5 novembre 1791, opposition fut formée à
l'adjudication des jardins, de la part des sieurs
De Brienne, Arnoult et consorts, locataires, comme

s'en disant détenteurs et possesseurs. En conséquence, il fut sursis à l'adjudication jusqu'à ce que le département eut autorisé la délibération du 23 octobre qui fut homologuée par arrêté du 14 novembre qui autorisa la ville à traduire extraordinairement les opposants devant le tribunal du district qui, par jugement du 23 février 1792, donna gain de cause à la commune.

Appel fut interjeté devant le tribunal de Vitry qui, par jugement en dernier ressort, du 19 février 1793, adopta les conclusions des juges de Bar-sur-Aube et condamna les appelants à 75 livres d'amende et aux frais ; puis, le 13 mars 1793, un arrêté du Directoire du département de l'Aube donna pouvoir aux officiers municipaux de louer pour neuf ans, et bail en fut passé devant Mᵉ Pourru, notaire, les 24 et 25 du même mois.

Après tant de tracasseries, pendant vingt ans la ville resta tranquille possesseur de ses fossés, mais, par la loi du 21 mai 1813, elle fut contrainte de les céder à la caisse d'amortissement, en échange d'inscriptions de rentes à 5 pour 100, et peu après ils furent vendus à l'enchère par M. le préfet, sur une mise à prix de quinze à vingt fois leur revenu.

En 1744 Louis XV passa à Bar-sur-Aube, nous croyons faire plaisir à nos lecteurs en reproduisant la délibération du Conseil à cette occasion et un extrait des procès-verbaux de son passage et de celui de Mme la Dauphine en 1747, ce qui, tout en intéressant certaines familles, leur donnera une idée des mœurs et du cérémonial de cette époque.

Le 6 octobre 1744, M. Masson, subdélégué, reçut de M. d'Argenson, intendant de la province de Champagne, une lettre, qu'il s'empressa de communiquer à M. Paget, maire, et à MM. Méchin et Merger, échevins, par laquelle il lui annonçait que le roi Louis XV, à son retour du siège de Fribourg, avait fixé son passage par Bar-sur-Aube vers la fin du mois, sans pouvoir toutefois préciser le jour, dont il lui donnerait avis aussitôt qu'il en serait instruit, l'engageant à prendre avec la Compagnie (le conseil municipal), tous les arrangements nécessaires pour la réception de S. M., et, dans l'incertitude si elle coucherait, faire préparer la maison la plus logeable, à portée d'autres pour sa suite, et garnie des choses nécessaires et commodes ; élever des arcs de triomphe aux portes d'entrée et de sortie, mettre sous les armes les compagnies Bourgeoise et de l'Arquebuse, complimenter le roi, lui présenter les clefs de la ville et faire tapisser les rues de passage.

Aussitôt la réception de cette lettre, la Compagnie convint avec M. Masson des préparatifs généraux suivants, dont la surveillance lui fut confiée : rétablir le parapet du pont d'Aube , et Jean Aubert, maçon, qui fut chargé de ce travail, reçut en même temps l'ordre de faire charroyer à corvée les pierres et le sable nécessaires pour les différents ouvrages qui lui seraient commandés ; réparer le mieux possible le pavé des rues Saint-Michel, des Boucheries, du Marché et d'Aube , traversées alors par la grande route, et les garnir de caffres dans toute leur étendue, pour procurer un chemin doux et facile, puis faire vider les fossés près la porte d'Aube par les habitants du quartier qui seront

tenus d'enlever les ordures dans deux fois vingt-
quatre heures, comme présumées y avoir été jetées
par eux ou leurs domestiques, sinon qu'ils y seront
contraints militairement.

Le 14 octobre, nouvelle lettre de M. d'Argenson
annonçant que le roi arriverait à Bar-sur-Aube
dans les premiers jours du mois suivant et qu'il y
coucherait ; qu'il fallait, à cette intention, rassem-
bler de la batterie de cuisine, du linge et de la vais-
selle d'argent ou au moins de la faïence propre, faire
établir des fourneaux de campagne pour ses cuisines
dans la maison qui lui était destinée, préparer des
lampions et des pots à feu pour illuminer ses appar-
tements et ceux de ses principaux officiers, toutes
dépenses à la charge des villes ; et terminée par
l'annonce de son arrivée sous quatre jours, pour
indiquer les détails du cérémonial.

En conséquence, trois douzaines de fourneaux
de campagne furent commandés aux menuisiers de
la ville ; Nicolas Aubry, potier de terre, s'engagea
à fournir les lampions et pots à feu sur les modèles
qui lui seraient donnés, et M. Masson fut chargé de

se procurer le linge et tout ce qui concernait le service de table ; pour ce qui est des arcs de triomphe, Charles Laperrière, Nicolas Cabarat, Alexis Edmond, et Guillemin, peintre, se chargèrent de les élever avec les planches et les bois fournis par le sieur Girardon, sur les dessins de l'ingénieur de la province appelé sur les lieux par M. Masson ; sur sa demande, on éleva, en outre, des berceaux de feuillage dans tous les coins de rues traversant celles par où S. M. devait passer, et l'Assemblée, dans une réunion extraordinaire, prit ensuite la décision suivante :

« 1° Que les arcs de triomphe seront composés de plâtres ornés de peintures, et qu'il sera placé des feuillages dans les endroits qui ne pourront souffrir d'ornements à la main.

» 2° Que la Compagnie se présentera à la porte d'entrée de S. M., en dedans de la ville ; que le premier officier municipal fera le compliment au roi ; que le second lui présentera les clefs, qui seront polies et limées, dans un bassin d'argent.

» 3° Que six seulement des officiers municipaux

se présenteront au compliment, dans l'habillement
noir, manteau court, rabat plissé à la manière de
MM. les maîtres des requêtes, perruque carrée,
communément appelée *à la chancelière*; que celui
qui portera la parole aura, en outre, une épée au
côté; que, le compliment fait et le roi passé, la
Compagnie se retirera, dans la pompe ordinaire des
cérémonies publiques, à l'hôtel-de-ville; qu'un
moment après elle en sortira, dans la même pompe,
pour aller au *Louvre* demander au roi la permission
de lui faire ses présents, sans compliment, et avec
les mêmes devoir et respect que lors de l'arrivée,
c'est-à-dire un genou en terre, et alors sera présenté quarante-huit bouteilles de vin de Bourgogne
qui seront portées par les sergents de quartier; que
le lendemain matin il en sera présenté douze au capitaine des gardes, douze au premier gentilhomme,
douze à Mgr d'Argenson, et douze au maître des
cérémonies.

» 4° Que l'Arquebuse sera sous les armes à l'entrée de S. M.; elle précédera le corps de la Bourgeoisie, tant en dedans que hors la ville, s'il se

trouve assez d'habitants pour faire la haie des deux côtés des rues, depuis la porte d'entrée jusqu'au Louvre dont la même compagnie de l'Arquebuse gardera l'entrée en dehors, sans pouvoir pénétrer dans l'enceinte.

» 5° Que les capitaines et officiers des milices bourgeoises et leurs compagnies feront la garde à la porte du Louvre, après la compagnie de l'Arquebuse, celle des portes de la ville, et patrouille pendant la nuit, et qu'il sera établi des corps de garde.

» 6° Que les habitants de cette ville feront des illuminations sur leurs croisées donnant sur les rues, avec des pots à feu, pendant toute la nuit ; qu'ils mettront des tapisseries, rideaux de lit, draps et autres choses semblables, pour garnir les rues du passage de S. M., à son arrivée, le plus proprement que faire se pourra, avec cette inscription sur chacune des pièces qui garniront leurs maisons: *Vive Louis le Bien-Aimé !*

» 7° Qu'à la porte de la sortie de S. M., la Compagnie se présentera dans le même habillement

que ci—dessus, et le corps de la Bourgeoisie et la
compagnie de l'Arquebuse dans le même ordre.

» 8° Que si S. M. loge en cette ville, l'hôtel de
ville sera garni de pots à feu et de lampions, de
même que la porte du Louvre, celles qui sont à
portée, de même que celles des seigneurs qui sui-
vront le roi.

» 9° Qu'il sera construit dans les croisées des
rues des berceaux de feuillage, et fait amas de
linge et de batterie de cuisine.

» Qu'en conséquence la Compagnie, tant en corps
qu'en particulier, pour marquer le respect qu'elle
ressent pour son prince, *qui mérite de l'être,* a tra-
vaillé à seconder les vues de Mgr l'intendant pour
recevoir aussi avantageusement que la ville le peut
l'honneur du passage de S. M., a donné tous ses
soins pour les travaux des chemins, le rétablissement du pavé des rues de la ville, à quoi M. Masson,
subdélégué, s'est porté avec toute sa diligence ordinaire, lequel, par bonté de cœur pour la ville,
lui a procuré, pour ces ouvrages essentiellement
nécessaires, les corvées des paroisses d'Ailleville,

Montier-en-l'Isle, Bossancourt, Arsonval, Trannes, Eclance, Vernonvilliers, Lusigny, Arrentières (*bb*) ; par ce secours , la chaussée du faubourg Saint-Michel, depuis la porte jusqu'à la croisée des chemins d'Arrentières et de Bayel, a été perfectionnée à la satisfaction de tous, de même que les rues Saint-Michel, des Boucheries, du Marché-au-Blé, et la rue d'Aube jusqu'à la porte ; que la Compagnie s'est donné les mêmes soins pour orner la porte Saint-Michel de faisceaux d'armes, avec la Renommée et autres ornements en peinture et architecture appliqués sur le blanc–à–bourre dans l'enfoncement de ladite porte, ce qui servira d'arc de triomphe ; et pour donner une ouverture convenable à cette porte, elle a fait faire le retranchement des jardins de l'un et de l'autre côté, pour donner *l'embrâsement* de toute la surface de la chaussée avec la porte, au lieu des haies qui l'offusquaient, en ôtaient le jour, même empêchaient l'écoulement des eaux qui refluaient sous la porte et formaient un cloaque perpétuel qui se trouve détruit par le moyen de cet ouvrage, que la Compagnie a cru

devoir ordonner pour la réception du roi, et qui en
même temps sera utile à toujours aux habitants ;
qu'elle s'est donné les mêmes soins pour l'arc de
triomphe de la porte d'Aube dont les décors ont été
réparés, les murs et parapets exhaussés, les chaus-
sées de l'un et de l'autre côtés nettoyées pour faci-
liter le passage, avec l'observation du conduit pour
écouler les eaux et donner plus de grâce à ladite
porte, et répondre à l'arc de triomphe qui sera posé
en dedans, sur l'élévation d'environ soixante pieds,
avec pilastres et ornements représentant, au-dessous
de la figure de Gaston de France, celle de S. M.
Louis XV, avec des devises convenables au grand
sujet qui a animé la Compagnie à faire toutes ces
choses et beaucoup d'autres, comme pots à feu,
lampions, dont le mémoire lui sera donné dans le
rapport qui sera dressé par le sieur Clausse, receveur de la ville, avec le prix du vin de Bourgogne
et celui d'un feu d'artifice dont M. Bourlette, receveur des tailles, et M ***, curé de Longchamps, ont
bien voulu se donner les soins.

» Que les tours de la porte Saint-Michel seront

garnies de verdure et de feuilles de lierre, à la même hauteur de l'arc de triomphe qui est formé en dedans, le mieux arrangé que faire se pourra.

» Que la rue du Petit-Marché, entre les sieurs Filleux et Vitalis, sera fermée par des tapisseries, des draps ou des feuillages, ainsi que l'ouverture de la petite rue Saint-Aubin, entre MM. Merger et Coureaux, aux soins des uns et des autres.

» Que l'hôtel de ville sera orné de lampions, pots à feu, tapis sur les fenêtres, et enfin que l'entrée de la rue Notre-Dame, vis-à-vis le couvent des religieuses Ursulines, sera fermée par une sorte de berceau de verdure supporté par quatre poteaux plantés à cet effet.

» Pour ces ouvrages, ensemble pour garnir les fourneaux de campagne, la Compagnie a ordonné aux charpentiers, couvreurs et maçons de la ville, d'y travailler dès le lendemain, et sont convenus les officiers municipaux de donner mutuellement leurs soins à la perfection du tout, sans qu'il soit besoin d'autre délibération ni désignation particulière, concourant tous ensemble à l'objet qui anime le peuple et la ville en particulier.

» Ensuite, il a été délibéré que tous les habitants
composant la milice bourgeoise devront se réunir
sous le commandement de leurs officiers, les jours de
l'arrivée et de la sortie du roi, en tenue décente,
avec le fusil et l'épée et une cocarde blanche à leur
chapeau, et que, dans une revue préparatoire, on
leur apprendra l'exercice, on inspectera leurs armes, et on renverra ceux qui, par leur mauvais
état ou leur mauvaise figure, ne conviendraient
point dans les rangs.

» A la même assemblée, les six sergents de ville,
voulant concourir pour leur part à l'ornement de
la fête, ont proposé de s'habiller en uniforme, et la
Compagnie, édifiée de leur émulation, a bien voulu
leur accorder leur demande et leur faire donner à
chacun douze douzaines de boutons de fil d'argent. »

Après un retard de quelques jours, le roi
Louis XV, revenant de Chaumont, passa à Bar-
sur-Aube le 12 novembre 1744, à neuf heures du
matin, pour aller coucher, le même jour, à la Chapelle, au château de M. Ozy, contrôleur général.

Voici à peu près en quels termes un des registres conservés à la mairie rend compte de ce passage, *pour mémoire à la postérité.*

« La Compagnie, dans l'habillement convenu, se rendit en dehors de la porte Saint-Michel pour recevoir S. M. et lui offrir le cœur des habitants, sans compliment néanmoins ni présentation de clefs, S. M. en ayant dispensé toutes les villes de son passage. Les chevaliers de l'Arquebuse en uniforme furent à sa rencontre jusque dans le faubourg Saint-Nicolas, ainsi qu'une compagnie de bergers et de bergères composée des jeunes gens les plus notables de la ville qui ont accompagné jusqu'au relais le carosse du roi, qui a témoigné sa satisfaction en faisant retirer le peuple pour les faire approcher : les bourgeois commandés par leurs officiers étaient sur deux haies, depuis la porte Saint-Michel jusqu'à la porte d'Aube.

» Cette réception fut précédée d'une illumination qui fut vue par Mgr l'intendant et tous les seigneurs qui précédaient S. M. L'hôtel de ville était illuminé sur toute sa surface, garni de lampions et de pots à

feu qui furent allumés depuis quatre heures jusqu'à
sept heures du matin, le passage du roi n'ayant été
annoncé que pour six heures, et des chandelles
placées sur les fenêtres de tous les habitants.

» Le feu d'artifice destiné pour S. M. fut tiré, le
soir, en face la maison de M. Masson où il devait
coucher, avec des illuminations pour marquer
l'honneur de ce passage, ce qui fut fait à la satisfaction de tous ; [ensuite, M. Masson a donné un
repas à la Compagnie et à tous ceux qui avaient
contribué au feu d'artifice qui devait être précédé
des boîtes tirées par la compagnie de l'Arquebuse
qui n'a pas accompli sa promesse.

» 160 chevaux de poste avaient été commandés
quinze jours auparavant, ainsi que 160 chevaux
d'ordonnance tirés des paroisses de l'élection, et
plusieurs brigades de maréchaussée furent envoyées
à Bar-sur-Aube.

» L'arc de triomphe de la porte d'Aube avait
été monté la veille, à la satisfaction du roi, des
seigneurs et de tout le public. »

Quelques années plus tard, Louis XV allant à

Cirey passa une seconde fois à Bar-sur-Aube et descendit chez M. Masson.

Lors du passage de Mme la Dauphine en février 1747, la ville fit sabler les rues, préparer des salles, prendre les armes à l'Arquebuse et à la Milice et construire un arc de triomphe. Le maire, en costume de cérémonie et un genou en terre, lui présenta un gâteau sur lequel étaient représentées les armes du roi et de M. le Dauphin, avec un manteau royal, des fleurs, des dragées de Verdun, et les vins de la ville, dont on offrit également aux principaux officiers de sa suite. Les maisons furent illuminées, on donna un bal à l'hôtel de ville, on tira un feu d'artifice, on sonna les cloches et on alluma un feu de joie. Les Bourgeois et les Arquebusiers montèrent la garde pendant toute la nuit devant l'appartement de la princesse, et un détachement de fusiliers garda les équipages.

Déjà, vers 1680, la ville avait été honorée de la présence de Louis XIV ; il était descendu au Château-Gaillard, maison de plaisance incendiée depuis et sur l'emplacement de laquelle est bâtie la maison

de M. Thiellement ; Stanislas, roi de Pologne, et
l'empereur d'Allemagne Joseph II, sous le nom de
comte de Falkeinstein, traversèrent également Bar-
sur-Aube en 1725 et 1781.

Bar–sur–Aube aussi a eu ses Rosières. Sur le
procès–verbal des réjouissances faites, le 11 novembre 1781, à l'occasion de la naissance de Mgr le
Dauphin, je lis : « Mariage de deux filles pauvres
aux frais de la ville qui a donné pour dot à chacune d'elles 300 livres et 30 livres pour le repas
de noces, avec exemption pendant trois ans de
tailles, capitation et corvées. »

« M. Rivière, maire, après avoir complimenté
les jeunes filles (Claire Bourgeois et Anne Bizot
mariées à Jacques Duchesne et Pierre Sarcelle),
leur a présenté deux roses pour marque de leur
vertu, et après le mariage, qui a eu lieu à l'église
collégiale de Saint–Maclou, elles ont été ramenées
chez elles par un détachement de la garde bourgeoise. »

Nous ne citons, du reste, cette cérémonie qu'en
raison de l'époque, car plusieurs fêtes semblables

eurent lieu depuis, entre autres en 1810 et 1811, à l'occasion du mariage de l'Empereur et de la naissance du Roi de Rome (*cc*).

La même année (1781), un cours d'accouchement public et gratuit avait été établi dans notre ville par M. Aubertin, chirurgien, avec la permission de M. l'intendant, et, pendant trois ans, le Gouvernement, qui probablement jugeait cet établissement d'une grande utilité, donna huit sous par jour à chaque sage-femme de la campagne qui assistait aux leçons, et la ville dut fournir le bois de chauffage au démonstrateur.

Chapitre Onze.

Fête de la Fédération. Réunion des trois paroisses : Saint-Maclou prend le nom de Sainte-Germaine , puis devient le temple de la Raison ; Saint-Pierre , devenu magasin à fourrages , est envahie par les Théophilantropes ; vente ·et démolition de Sainte-Magdeleine. Abandon des hôpitaux. Départ des Religieuses. La Mairie est transférée aux Ursulines. Les églises , couvents , etc., sont convertis en clubs. Baptême républicain. Les rues changent de nom. Destruction de la célèbre abbaye de Clairvaux. Découverte d'une fabrique de fausse-monnaie.

Nous allons entrer maintenant dans une période de misères, d'héroïsme et de crimes, déjà cent fois décrite, et par des plumes plus éloquentes et plus exercées que la nôtre, aussi nous contenterons-nous d'extraire des procès-verbaux de l'époque ce qui a spécialement rapport à notre pays, et, dans la crainte de blesser certaines susceptibilités et de

réveiller des haines encore mal assoupies, essaie-
rons-nous encore de la retracer le plus succincte-
ment possible.

En 1789, les trois Ordres du bailliage de
Chaumont furent convoqués par une ordonnance
du grand-bailli, Messire Mandat, baron de Nully,
en date du 18 février, à l'effet de nommer des députés aux Etats-Généraux, dont l'ouverture se fit à
Versailles le 5 mai suivant, pour s'occuper des besoins de l'Etat, de la réforme des abus et du bien-
être de tous.

En conséquence, les membres du Clergé présidés
par Louis-Marie Rocourt, abbé de Clairvaux ;
ceux de la Noblesse présidés par le grand-bailli, et
les députés du Tiers-Etat présidés par le lieutenant
général du bailliage, M. Vorse de Reuilly, se réunirent, le 12 mars, en assemblée générale au chef-
lieu, pour procéder à la rédaction des cahiers de
plaintes et de demandes, et nommer les députés
chargés de les présenter (dd).

Lors de la formation de la garde nationale
(1789), M. Guérin, chevalier de Saint-Louis,

ancien capitaine du régiment de Lyonnais, retiré à Bar-sur-Aube après vingt-huit ans de service, fut nommé commandant, et en 1790, à la *Fédération,* commandant général des gardes nationaux du département de l'Aube représenté par cent quatre-vingt-seize députés dont le district de Bar-sur-Aube avait fourni trente-sept.

Cette fête nationale, anniversaire de la prise de la Bastille, et dont Lafayette fut le héros, fut célébrée le même jour (14 juillet) dans toutes les communes de France.

A Bar-sur-Aube, toutes les autorités, accompagnées de la garde nationale, des Capucins, des Cordeliers et du clergé des trois paroisses, réunis à onze heures sur la place de l'Hôtel de ville, se rendirent à l'église collégiale de Saint-Maclou où fut chantée une messe solennelle du Saint-Esprit par MM. du Chapitre. A l'issue de la messe, le temps étant mauvais (*ee*), on se rendit à l'église des Cordeliers où était dressé un autel de la Patrie à quatre faces, peint en marbre de trois couleurs et orné de guirlandes civiques : dessus étaient un faisceau, un livre et une épée, représentant l'union et la force, la loi et le pouvoir exécutif ; au pied, un aspic et une balance, symboles de l'envie et de la justice, et au-dessus de cet autel était placé, sur un piédestal, un vase contenant le feu sacré de la liberté surmonté du bonnet phrygien ; les faces du trophée étaient garnies de drapeaux tricolores, et, à midi sonnant, après que le procureur de la commune eut été entendu dans ses conclusions, tous prêtèrent le serment civique.

A quatre heures, les autorités se réunirent de nouveau pour assister à un *Te Deum* d'action de grâces chanté dans l'église Saint-Maclou, puis ils se rendirent à la porte Notre-Dame, où un feu de joie avait été préparé, et, après en avoir fait trois fois le tour, le feu y fut mis par le maire, M. de Brienne, et, le soir, toute la ville fut illuminée.

La même fête s'est répétée en 1791 et 1792.

Cette même année fut achevée la Constitution. Le serment prescrit fut prêté par MM. Bergerat, Lemonnier et Riel, curés de Saint-Pierre, Saint-Maclou et Sainte-Magdeleine, et par M. Cornibert,

desservant des Ursulines; au contraire, MM. Rivière, Mutinot et Verdier, desservants de Sainte-
Germaine, de l'hôpital du Saint-Esprit et de celui
de Saint-Nicolas, s'y refusèrent et donnèrent leur
démission pour s'en dispenser. Ce qui n'empêcha
pas M. Riel d'être déporté en 1793, ainsi que
M. Rivière et MM Bouchel, Girardon et Descaves,
autres prêtres de Bar-sur-Aube; et les uns et les
autres ne rentrèrent en France qu'en 1795, sur
leurs demandes réitérées. En 1793, M. Lemonnier
fut remplacé par M. Guerrapain, *curé national*, et
la messe de l'abbé Méchin fut défendue, le 26 septembre, comme rendez-vous des fanatiques.

L'Assemblée nationale ayant décidé, par un décret
des 12 juillet et 15 novembre 1790, que les trois paroisses de Bar-sur-Aube seraient supprimées et réunies en une seule, on consulta les officiers municipaux sur la convenance des suppression et union des
cures de la ville; mais avant de prendre une déter-
mination sur une affaire aussi importante, ils voulurent savoir laquelle des trois églises était la plus sa-
lubre et exigeait le moins de réparations. A cet effet,

M. Poterlet, architecte distingué de Châlons-sur-Marne, fut choisi pour les visiter et donner son avis qui fut favorable à Saint-Maclou ; cependant, comme les opinions paraissaient partagées, sur la demande de quelques citoyens, et pour éviter les haines et les divisions, l'Assemblée décida que l'on prendrait la voie du scrutin.

La réunion eut lieu le 3 avril 1791, dans l'église des Cordeliers, et, sur 507 votants, 185 demandèrent qu'il ne restât que la seule église Saint-Pierre, sans oratoire ou succursale ; 48 votants firent la même demande pour Saint-Maclou ; mais 264, formant la majorité, ayant voté pour la conservation de deux églises, c'est-à-dire Saint-Maclou pour paroisse et Sainte-Magdeleine pour succursale, l'Assemblée, conformément à ce vœu, donna son avis en ce sens, motivé sur l'aggrandissement probable de la ville, l'économie et la position des deux églises, et termina sa délibération en demandant la suppression de la paroisse de Proverville, en raison de sa proximité, et sa réunion à la ville de Bar-sur-Aube dont, suivant eux, ce village a anciennement fait partie.

Cette décision fut adressée à l'Assemblée nationale qui, sur le rapport du Comité ecclésiastique
et l'avis de l'évêque diocésain, rendit le décret
suivant, le 27 septembre 1791 :

« Les paroisses de Saint-Pierre, de la Magdeleine
» et de Saint-Maclou, de la ville de Bar-sur-Aube,
» seront réunies en une seule qui sera desservie
» dans l'église ci-devant Saint-Maclou sous l'invo-
» cation de *Sainte-Germaine* ; l'église ci-devant pa-
» roissiale de la Magdeleine est conservée comme
» *oratoire*, et le curé y enverra, les dimanches et
» fêtes, un de ses vicaires pour y célébrer la messe
» et faire les instructions spirituelles, sans pouvoir
» y exercer les fonctions curiales. »

A l'appui de ce décret, une lettre de l'administration supérieure, du 8 décembre, déclara Saint-
Pierre édifice national, sous la surveillance du
corps administratif, et une délibération du 8 août
1792 ordonna sa fermeture et l'enlèvement des
cloches, dont il ne fut conservé que deux à l'oratoire, quatre à la paroisse qui, avec les ornements, hérita du bourdon de l'église supprimée qui ré-

sonne encore dans son clocher, et une pour le service
de la Maison commune; toutes les autres furent
envoyées à Paris, à l'Hôtel des Monnaies qui, bientôt après, réclama celles qui restaient, si bien qu'en
1793 il n'en restait plus qu'une seule à Sainte-
Germaine!... Sainte-Madeleine avait subi le sort de
Saint-Pierre!.... En 1795 elle sert de prison à cent
hussards hongrois, et, vendue en 1798, elle fut
démolie la même année. Le 21 nivôse an II
(21 janvier 1794), Sainte-Germaine elle-même fut
convertie en *Temple de la Raison*, tous les signes
religieux disparaissent, et le presbytère devient
maison d'école. Saint-Pierre, qui était devenue un
magasin à fourrages, fut restaurée en 1797 pour
servir aux réunions décadaires, puis elle est envahie par les Théophilantropes qui la conservent depuis le 4 mars 1799 jusqu'au 1er août 1800, où
elle fut enfin rendue au culte.

Sur une plainte de M. Caillet, procureur de la
commune, *les Religieuses de l'hôpital Saint-Nicolas*
sont convaincues d'incivisme, comme ayant refusé
de présenter elles-mêmes les enfants trouvés à un

prêtre assermenté pour être baptisés, déclarant que
cela répugnait à leur conscience, et que, par la
même raison, elles ne pouvaient plus conduire ni
faire conduire aux offices et instructions paroissiales
les enfants employés à la filature de coton ; et, par
délibération du 15 février, il est décidé qu'il sera
pourvu à leur remplacement « au moyen de quatre
» ou cinq personnes honnêtes de la ville qui se char-
» geraient volontiers du pénible soin des pauvres
» malades ; que pour cela il n'était pas nécessaire de
» porter une guimpe ; qu'étant de l'endroit elles se-
» raient portées d'inclination à soigner les malades
» qui auraient plus confiance en elles ; qu'on les
» connaîtrait mieux, et que ce serait un moyen de
» récompenser leur vertu ; que l'administration
» ferait annoncer par le tambour, que les personnes
» qui seraient dans l'intention de se dévouer au
» service des pauvres sont invitées à se présenter
» à la Maison commune pour y faire leur sou-
» mission. »

Mais on avait trop compté sur la philantropie
révolutionnaire, personne ne se présenta ! Cinq des

religieuses sortirent le 25 mai suivant, et, par
grâce, en considération de leurs services, on voulut
bien leur accorder, pour regagner Salins (Jura),
leur pays natal, une modique somme de 570 livres
une fois payée, à partager entre elles proportionnel-
lement au temps qu'elles avaient employé au soulagement des malades, savoir : à Anne Rhodes, 280
livres ; à Christine Claire, 100 livres ; à Catherine
Gilbert, 40 livres ; à Eugénie Besson , 20 livres, et
130 livres à la cinquième dont nous n'avons pu
retrouver le nom. Les deux autres restèrent jusqu'au
moment de la fermeture des églises (1794), mais à
cette époque elles se retirèrent aussi, et, comme on
ne trouva dans la ville personne de bonne volonté
pour les remplacer, on fut, ainsi que nous l'avons
déjà dit, obligé de faire venir de Langres une demoiselle Bertrand , qui resta seule pendant plusieurs
années.

Par délibération du 17 juillet, le lieu des séances
du conseil municipal fut transféré aux Ursulines.
Cette maison , qui forme la mairie actuelle, était
alors vacante depuis un mois, par suite du départ

de ces dames, à qui, sous prétexte de rassemble-
ment, on avait défendu d'ouvrir leur chapelle à
aucun étranger.

Les membres des assemblées primaires se réu-
nissaient dans l'église des Cordeliers; ceux des
assemblées électorales, dans le réfectoire des Capucins; les Amis de la Constitution, dans la salle
des Buttes; et un corps de garde pour la visite des
papiers avait été établi à l'hôpital du Saint-Esprit,
mais bientôt après (le 7 avril 1793) il fut remplacé par un comité de surveillance dont M. Ber-
nard-Lécuyer fut nommé président. C'était le bon
temps des visites domiciliaires! mais, plus heureux
que bien d'autres pays, Bar-sur-Aube n'eut aucune
victime à déplorer. Les vases sacrés et tous les
objets précieux furent enlevés des églises et envoyés
à la Convention nationale, *comme restitution faite à
la nation,* ainsi que l'argenterie *portant des signes
de féodalité,* c'est-à-dire des armoiries, et l'or et
l'argent cachés.

Il se forma alors une société populaire qui, dans
son patriotisme, leva à ses frais un hussard tout

équipé. Mais voici un trait qui, plus que tout autre,
initiera aux idées du moment.

Un de ses membres s'appelait *Bouillé*. Honteuse
de ce nom, qui était celui du *chef des émigrés, de
l'assassin du peuple*, la société décida qu'il serait
débaptisé et appelé *Démophile* (ami du peuple).
Cette cérémonie aussi gaie qu'intéressante eut lieu
en 1794, dans l'église Saint-Maclou qui venait
d'être baptisée du nom de *Temple de la Raison*, et
elle fut terminée par des danses et des chants.

Les changements, du reste, étaient à la mode,
et celui-ci n'était pas le premier. Déjà, par un arrêté de la Commune du 12 nivôse an II (1er janvier
1794), on avait changé presque tous les noms des
rues et places de Bar-sur-Aube.

« En raison, dit la délibération, de la sainte
» liberté que nous avons reconquise, et que nous
» voulons conserver dégagée de toutes les erreurs
» du fanatisme et de la tyrannie ;

  » Les armoiries placées au frontispice de chaque
» porte de ville seront effacées, *comme signe de la
» féodalité la plus monstrueuse*, et en remplacement

» il sera écrit en gros caractères : VIVRE LIBRE
» OU MOURIR ;

» La place nouvellement établie devant la Mai-
» son commune se nommera *place de la Révolution,*
» et celle du Petit-Marché, *place de la Liberté* ;

» Les rue et porte Notre-Dame prendront le nom
» de *la Liberté* ;

» Le faubourg Notre-Dame prendra le nom de
» *faubourg du Champ-de-Mars* ;

» La rue Saint-Michel prendra le nom de rue *de*
» *Marat* ;

» La rue Saint-Nicolas prendra le nom de rue
» *des Bonnes-Filles* ;

» La rue Saint-Aubin prendra le nom de rue
» *Pelletier* ;

» La rue du Poids prendra le nom de rue *des*
» *Bons-Garçons* ;

» La rue Saint-Maclou prendra le nom de rue
» *Jean-Jacques Rousseau* ;

» La rue des Angoiselles prendra le nom de rue
» *de la Régénération* ;

» La rue Piverotte prendra le nom de rue *de*
» *l'Abolition ;*

» Le faubourg Saint-Nicolas prendra le nom de
» *faubourg des Sans-Culottes ;*

» La rue Saint-Jean prendra le nom de rue *de*
» *Voltaire ;*

» La rue du Petit-Clairvaux prendra le nom de
» rue *de l'Espérance ;*

» La rue de Jérusalem, ainsi que la porte et
» le cloître Saint-Maclou , prendront le nom *de*
» *l'Unité ;*

» La rue Neuve et son cul-de-sac prendront le
» nom de rue et cul-de-sac *de la Fraternité ;*

» Les rue et ruelle de Paris prendront le nom de
» rue et ruelle *des Déchargeurs ;*

» La rue Saint-Pierre, le cul-de-sac des Hallottes
» et le cloître Saint-Pierre, prendront le nom *de la*
» *Réunion.* »

Mais ce changement ridicule ne fut que momen-
tané, et en 1802 on vit reparaître les anciens noms
placés au mois de mai 1766, par suite d'une délibération, et conformément aux instructions de

M. Bouillé, intendant de la province ; ce fut à cette même époque que les maisons furent numérotées.

Les seules rues des Halliers, d'Aube, des Moulins, du Marché-au-Blé, Mercière, des Boucheries, de la Paume, du Corps-de-Garde, et de l'Epicerie, ne furent point changées.

En 1795, un arrêté rendu le 1er mars, par le citoyen Albert, représentant en mission dans les départements de l'Aube et de la Marne, bouleversa entièrement toutes les branches de l'administration civile et judiciaire du district de Bar-sur-Aube, dont, en vertu de son pouvoir discrétionnaire, il remplaça presque tous les titulaires par des créatures de son choix.

La même année, M. Peuchot, commissaire délégué par l'administration centrale du département de l'Aube, fut chargé de faire transporter à Troyes la bibliothèque de la célèbre abbaye de Clairvaux qui, en 1791, avait été vendue et en partie démolie ; mais il ne put, de suite, remplir sa mission, parce que les scellés y avaient été apposés par l'administration du district de Bar-sur-Aube qui, s'ap-

puyant sur un décret rendu en l'an II, par la Convention nationale, portant qu'il serait établi dans
chaque chef-lieu une école secondaire et une bibliothèque, s'était cru en droit de la conserver. Cette
prétention lui fut contestée, et, après une longue
explication, il fut convenu à l'amiable que, cette
bibliothèque étant trop considérable pour un simple district, la majeure partie serait transportée à
Troyes et le reste à Bar-sur-Aube. Ce traité fut
exécuté sous la surveillance de commissaires, et
M. Vitalis, en sa qualité de membre de l'administration municipale et de libraire, fut choisi par la
ville, et chargé par le département de l'emballage ;
mais, de part ni d'autre, il ne fut point dressé
d'inventaire.

A Bar-sur-Aube on fit préparer, dans la maison
de ville, une salle basse pour recevoir les livres :
quelques-uns furent successivement mis en ordre,
et, la salle ne pouvant tout contenir, une partie fut
placée dans les armoires d'une chambre contigüe,
dans un ancien magasin au-dessus, et le reste, les
moins précieux, dans un grenier.

En l'an IV, l'administration du district fut supprimée, et les administrateurs sortants remirent à
l'administration nouvelle les clefs des chambres
pour veiller à la conservation des livres, dont il n'y
avait point encore d'inventaire, en attendant que
le corps législatif eût rendu une décision définitive
au sujet des écoles. Les choses restèrent en cet état
jusqu'en l'an VI, et, dans le cours de frimaire de
la même année, lorsqu'il fut décidé qu'il serait
établi seulement des écoles centrales dans les chefs-
lieux de département, deux commissaires furent
envoyés pour faire transporter à Troyes tous les
livres de la bibliothèque du ci-devant district de
Bar-sur-Aube, non-seulement ceux provenant de
Clairvaux, mais encore ceux des émigrés, déportés
et autres, ainsi que tous les titres et papiers.

En vain l'administration municipale demanda
qu'on lui laissât au moins les ouvrages dépareillés
ou qui formaient double emploi, pour indemniser
la commune de toutes ses dépenses et former un
noyau de bibliothèque. Il lui fut répondu que les
ouvrages doubles étaient la propriété de la Répu-

blique et qu'il n'appartenait pas au département d'en disposer. Il ne fut donc plus question d'aucune réserve, et, sans distinction, les commissaires firent emballer et charger pour Troyes tous les ouvrages les plus intéressants, en commençant par le magasin et les armoires. Quand cela fut fait, et qu'ils se furent assurés qu'il ne restait plus que des livres de peu d'importance, dont le nombre, encore très-considérable, prolongerait inutilement leur séjour, ils firent nommer M. Vitalis, déjà chargé de l'emballage, et M. Trippier, commissaire du Directoire exécutif près l'administration municipale du canton, pour les remplacer et surveiller le chargement commencé. Tous les livres et papiers furent conduits à Troyes dans des voitures et caissons du parc de Brienne, et pendant plus de dix-huit mois ils restèrent enfouis dans les caisses où ils avaient été déposés. Trop tard on s'aperçut que, faute de soins, les ouvrages les plus précieux avaient été soustraits, et ainsi l'on eut à déplorer des pertes irréparables dans ce vaste dépôt des connaissances humaines.

La bibliothèque du château de Brienne et toutes celles des abbayes circonvoisines furent également, à la même époque, transférées à Troyes qui s'enrichit de toutes ces dépouilles.

En 1796, la découverte d'une fabrique de fausse monnaie jeta un peu de trouble dans la ville, mais bientôt après les coupables furent arrêtés et le calme reparut.

Pendant toute la période impériale jusqu'en 1814, où l'arrondissement de Bar-sur-Aube fut en proie à toutes les horreurs de la guerre, l'histoire locale n'offre rien de remarquable, nous passerons donc, de suite, à cette époque désastreuse, nous contentant de rapporter seulement ce qui touche la ville.

Chapitre Douze.

Campagne de 1814. Premier et deuxième combats de Bar-sur-Aube. La ville est prise et pillée à plusieurs fois. Trois souverains étrangers à Bar-sur-Aube. Le couvent des Ursulines est changé en prison ; il devient la proie des flammes. M. Trippier, par son courage, sauve la ville. Les églises, le collège, etc., sont convertis en ambulances. Malheureuse position du pays et des habitants. Une députation à l'Empereur. François II et le père Martin. Seconde invasion. Passage de Charles X et de Louis-Philippe à Bar-sur-Aube, etc.

.

La malheureuse campagne de 1812 avait épuisé la France d'hommes et d'argent, et, cependant, à un appel fait à la nation, les communes s'empressèrent de répondre : la ville de Bar-sur-Aube, entre autres, par une délibération du 20 janvier 1813, offrit à l'Empereur deux chasseurs habillés, équipés et montés à ses frais. Mais la trahison rendit tous ces sacrifices inutiles, et, le 1ᵉʳ janvier 1814, l'armée coalisée franchissait la frontière de notre beau pays, et, le 24, elle se présenta devant Bar-sur-Aube, débouchant par les routes de Clairvaux et de Chaumont, et marchant sur Paris.

Après quatorze cents ans, la France a revu les Huns et les Vandales ! ! !

La garde impériale et quelques autres corps sous les ordres du maréchal Mortier, duc de Trévise, occupaient en ce moment la ville. A midi, un combat sanglant s'engagea entre les deux armées ; nous n'avions que treize mille hommes à opposer à plus de trente mille, et, cependant, on se battit avec un égal acharnement pendant plusieurs heures, et en trois endroits différents : d'abord auprès du pont Boudelin sur l'Aube, ensuite dans le vallon de Dardenne, puis au village de Fontaine, qui eut beaucoup à souffrir, ayant été pris et repris jusqu'à trois fois.

Après une action vive et meurtrière, désignée sous le nom de *premier combat de Bar-sur-Aube*, l'ennemi n'ayant pu parvenir à nous faire abandonner nos positions, nous les gardâmes toute la

journée, malgré tous ses efforts ; mais , pendant la
nuit, l'armée française, persuadée que sa valeur ne
pourrait jamais triompher du nombre, profita de
l'obscurité pour opérer sa retraite qui se fit en bon
ordre, et ce ne fut que le lendemain matin que le
feld-maréchal prince de Wrède (*ff*), général saxon
qui commandait l'avant-garde autrichienne, fit, à
la tête de sa colonne, son entrée dans Bar-sur-
Aube par la porte Saint-Michel.

Bientôt la ville, centre des opérations de l'ennemi, fut encombrée de troupes de toutes espèces,
artillerie, chevaux, charriots et caissons. Chaque
habitant reçut chez lui à discrétion quinze, vingt ou
trente soldats, qui, trouvant les caves pleines,
étaient presque toujours en état d'ivresse, et se li-
vraient au pillage et à tous les excès, sans respect
d'âge ni de sexe, au point qu'on n'osait plus sortir
dans la crainte d'être dévalisé ou insulté : tous,
enfin, furent horriblement maltraités, et eurent plus
ou moins à souffrir ! Les maisons qui eurent un
peu moins à se plaindre furent celles occupées par
les officiers généraux et par les trois souverains

étrangers qui, après le congrès de Châtillon, s'arrêtèrent pendant quelques jours à Bar-sur-Aube, et
furent logés, *l'empereur de Russie* chez M. Robert-
Berault, *le roi de Prusse* chez M. Laperrière, et
l'empereur d'Autriche chez M. Maupas.

Ce déplorable état de choses dura jusqu'au
26 février, après lequel des maux encore plus grands
fondirent sur notre malheureuse cité.

Après la bataille de Montmirail (11 février),
l'ennemi, forcé à la retraite par l'armée française
commandée par Napoléon en personne, rétrograda
jusqu'à Bar-sur-Aube, qu'il fut contraint d'abandonner presque aussitôt pour occuper la place où
s'était livré le premier combat. Là, il s'arrête in-
certain, et, bien que supérieur en nombre, il reste
sur la défensive ; et comme chaque parti attendait
des renforts, la journée du 26 et une partie de celle
du 27 se passèrent en se tiraillant quelques coups
de canon , le soir seulement, les alliés, certains que
Napoléon n'est point contre eux, se décident à en
venir aux mains. Aussitôt ils s'emparent des hau-
teurs qui dominent la ville, et, le lendemain matin,

les Autrichiens attaquent avec impétuosité l'armée française qui, commandée par le maréchal Oudinot, duc de Reggio, et renforcée de dix à douze mille vieux soldats venant d'Espagne, répond avec la même énergie. Deux fois la ville est prise et reprise; chaque maison était devenue une forteresse, chaque fenêtre une meurtrière, ses rues sont jonchées de morts et inondées de sang, et ce n'est que le soir, après un combat acharné soutenu toute la journée contre des forces quatre fois supérieures, que les Français se décident à la retraite et prennent position au Pont-Neuf ou de Dollancourt, afin d'en interdire le passage à l'ennemi ; là, une nouvelle action s'engage, et, victimes de la plus lâche des trahisons, ils périssent presque tous, l'arme au bras, écrasés par la mitraille, et sans qu'il leur soit permis de se défendre.

Telle fut l'issue malheureuse du *deuxième combat de Bar-sur-Aube*, pendant lequel toute la ville, qui est presque entièrement bâtie en bois, fut mitraillée et inondée d'obus et de boulets, et, si elle échappa à l'incendie, elle le dut, au dire même des ennemis,

à une espèce de miracle, que les personnes pieuses
attribuèrent à la protection particulière de la
bienheureuse Sainte-Germaine, patronne de la ville.

Furieux de la résistance qui lui a été opposée,
l'ennemi vainqueur se livre à tous les excès. Sous
prétexte que les habitants ont tiré sur les troupes
alliées, un nouveau pillage est ordonné par le prince
de Wrède : le pillage, le viol, l'incendie, dans
toutes leurs horreurs, les plus cruelles vexations ne
peuvent assouvir leur rage brutale ; l'hôpital Saint-
Nicolas est pillé à plusieurs reprises ; des réquisitions énormes, que l'on évalue à deux millions,
furent frappées sur les bestiaux, les comestibles, les
marchandises, les denrées de toute espèce. Vaine-
ment M. Laperrière, conseiller municipal remplis-
sant les fonctions de maire en l'absence du titulaire,
M. Masson, supplia-t-il le roi de Prusse d'avoir
pitié de ses malheureux administrés, le prince de
Wrède lui répond brutalement, lorsqu'il lui présente l'ordre du roi : « Je suis étonné qu'on inter-
» cède en faveur d'habitants coupables ; dites à
» S. M. que le pillage a lieu par mon ordre, et que,

» si je ne l'avais pas ordonné, je l'ordonnerais
» maintenant. »

Le jour des Cendres, veille de l'évacuation pré-
cipitée dont nous venons de parler, l'ancien couvent
des Ursulines (maintenant la mairie), que l'on
avait converti en prison militaire, fut incendié par
l'imprudence de soldats français logés dans la chapelle, et, s'il ne fut point entièrement la proie des
flammes, nous le devons au courage héroïque d'un
de nos concitoyens :

De nombreux barils de poudre, laissés par les
Français lors de leur retraite du 24 janvier, étaient
renfermés dans les caves, et comme cet édifice est
situé au centre de la ville, elle était perdue si le feu
les eut atteints. Que fait alors M. Trippier, commissaire du gouvernement ? Bravant le danger, il des-
cend dans les caves, inonde les poudres avec le vin
dont ces mêmes caves sont remplies... et la ville fut
sauvée ! ! !

L'église Saint-Pierre fut aussi convertie en ambulance, et ses chaises, ses bancs, chaire, stalles,
étc., tout enfin ce qui pouvait se brûler servit aux

blessés pour faire du feu ; l'église Saint-Maclou, la mairie, le collège, l'hospice et plusieurs maisons bourgeoises reçurent la même destination, et tous ces bâtiments étaient encombrés de malades et de blessés gisants demi-nuds sur quelques brins de paille. Enfin, par suite des différents combats qui se livrèrent à Bar-sur-Aube et dans les environs, le nombre des morts était si grand qu'on ne put procéder de suite à leur inhumation : certains cadavres restèrent trois mois privés de sépulture. L'air en fut infecté. Envain, en les livrant aux flammes, on eut recours à l'usage des anciens, il était trop tard, et bientôt se déclara une épidémie meurtrière qui décima notre malheureuse population déjà si réduite par la guerre et les mauvais traitements.

Telle est la malheureuse situation où se trouva notre ville pendant tout le séjour des troupes alliées... pendant trois mois... Des maisons brûlées et démolies, le pillage, le viol et l'incendie, tels sont les souvenirs qu'elles nous ont laissés. Qu'on s'étonne après cela de la terreur qui frappa la Champagne en 1815, à la réapparition des étrangers !

Du 28 février jusqu'à la fin de mars il ne se passa rien de remarquable, mais, dans la nuit du 28 au 29, il arriva à Bar-sur-Aube un aide de camp chargé de reconnaître l'état du pays. Il se fit conduire chez le maire, M. Masson, qui, aussitôt, réunit chez lui les membres du conseil municipal. Il leur apprend que Napoléon, après une longue suite de combats glorieux et funestes, opère sa retraite sur Vitry et Saint-Dizier, et qu'il est pour lors à Doulevent; puis il termine en demandant des hommes de bonne volonté pour lui porter des renseignements. Un seul se présente, M. Girardin, huissier, qui, déguisé en paysan, pour éloigner tout soupçon, et suivi de M. Mongin, un de ses confrères, qui lui propose de l'accompagner, ne tarde pas à se mettre en route pour remplir la difficile mission qui lui est confiée, car, bien que le chemin ne soit que de quatre lieues, il s'agissait de traverser une contrée occupée par l'ennemi. Cependant, comme le pays leur est bien connu, après plusieurs détours, ils arrivent sans encombre à Doulevent. Ils sont introduits auprès de l'Empereur, chez M. Janson, notaire. On annonce les députés de Bar-sur-Aube; et, après quelque temps, Napoléon, qui était occupé à étudier des cartes étendues devant lui, leur adresse différentes questions sur la position et les forces de l'ennemi, leur parle des combats de Bar-sur-Aube, les questionne sur l'état des esprits. Ensuite, il leur demande : L'Aube est-elle guéable ? — En vingt endroits, sire, répond M. Girardin. — Y a-t-il un pont ici près ?— Oui, sire, à Dollancourt, il y en a un très-beau. — Votre ville peut-elle me fournir du pain ? — Sire, cela n'est pas possible, nous sommes ruinés, pillés, il ne nous reste plus rien du tout. Puis, après une ou deux autres questions, il les congédie en leur disant : « C'est bien ! allez chez vous porter des paroles d'espérance et de paix. Je prépare en ce moment des manœuvres qui sauveront la France. Vous ne verrez plus l'ennemi ; c'est moi qui vous le promets. » — Il ne prévoyait pas que la trahison devait rendre vains les efforts de son génie ! ! !

Maintenant, pour égayer mon triste récit, je vais, à propos du séjour des souverains étrangers, vous

raconter une historiette dont notre ville a été le
théâtre et un de nos concitoyens le héros.

L'empereur d'Autriche avait une grande passion
pour la musique. Quelques jours après son arrivée
à Bar-sur-Aube, désirant se distraire, il s'informa
si, dans la ville, il existait un amateur qui sut jouer
du violon : on lui indiqua le père Martin. Aussitôt
il sonne un de ses gentils-hommes et lui ordonne de
faire chercher le père Martin et de le lui amener.
Celui-ci crut qu'il s'agissait tout simplement de
quelqu'un à arrêter, en conséquence, il appela un
officier et lui communiqua l'ordre qu'il venait de recevoir. Dans l'état militaire, chez les Allemands
surtout, l'obéissance est prompte ; l'officier commandé envoya donc à sa recherche deux soldats qui
s'empressèrent de se mettre en route, en demandant
à chacun la demeure du père Martin. Le premier à
qui ils s'adressèrent crut, en voyant cet appareil militaire, qu'il y allait de ses jours, aussi, au lieu de
répondre, il prit ses jambes à son cou, et fut le prévenir de se cacher, car on était à sa recherche.

Martin, on le devine, ne se le fit pas répéter

deux fois. Il se blottit à la hâte sous un lit, et, un instant après, lorsque les soldats arrivèrent, sa femme, tremblante de peur, leur dit qu'il était sorti ; mais, sans tenir compte de cette réponse, l'un se mit en faction devant la porte pendant que l'autre furetait de tous côtés. N'ayant rien trouvé, ils se mirent à culbuter les meubles ; la crainte de la schlague les animait ! et, enfin, ils trouvèrent celui qu'ils cherchaient. Il était plus mort que vif. L'ayant arraché de sa cachette, ils commencèrent à se payer de leur peine en lui prodiguant force coups de poing, ensuite, lui ayant attaché avec une corde les mains derrière le dos, ils le forcèrent à marcher devant eux jusqu'à la maison où était logé leur empereur. Ils le remirent à leur officier qui le remit au gentil-homme, lequel, lui ayant délié les mains, l'introduisit auprès d'un personnage assez âgé qui lui demanda, avec un accent étranger : Vous êtes le père Martin ? — Oui, Monseigneur, répondit-il en tremblant. — Vous êtes musicien, m'a-t-on dit ? — Oui, Monseigneur. — Eh bien ! s'il en est ainsi, prenez cet instrument (et de la

main il lui désignait un violon), approchez un
siége, jouez-moi d'abord un air, et ensuite nous
exécuterons quelques morceaux ensemble.

Joyeux de voir une aventure commencée sous de
si tristes auspices prendre une tournure aussi gaie,
le père Martin s'empressa d'obéir, et François II,
car c'était cet illustre amateur, fut si content de lui,
qu'après l'avoir gardé plusieurs heures, il lui donna
sa bourse pour le remercier du plaisir qu'il lui
avait procuré.

La séance terminée, l'Empereur donna l'ordre
à son chambellan de reconduire chez lui le père
Martin. Celui-ci, satisfait de l'heureux dénouement
de son aventure, voulut se refuser à cet excès
d'honneur, alors, sur un signe du chambellan, arrivèrent deux soldats munis d'une corde, ils em-
poignèrent le récalcitrant, et, malgré ses cris, lui
attachèrent une seconde fois les mains derrière le
dos, le firent placer entre eux deux, et, l'arme au
bras, le reconduisirent jusqu'à son logis où le chambellan, accomplissant à la lettre l'ordre qu'il avait
reçu, se fit un devoir de l'accompagner.

Pierre-Joseph Martin, le héros de cette étrange aventure, ancien concierge de l'hôtel-de-ville, chantre à l'église Saint-Maclou et professeur de musique à Bar-sur-Aube, est mort le 19 février 1844, à l'âge de 78 ans.

Le 9 septembre, Monsieur (Charles X) passa à Bar-sur-Aube dans la matinée ; il s'arrêta quelques heures chez M. de la Hupproie, où il donna audience, et, après avoir déclaré qu'il était content et satisfait du bon esprit des habitants, il donna la décoration du Lis à toutes les personnes portées sur une liste qui lui fut présentée par le maire.

Bar-sur-Aube, livré l'année précédente à tous les ravages de la guerre, commençait à peine à respirer, lorsque, le 7 juillet 1815, un mois après la funeste bataille de Waterloo, et moins de quinze mois après leur départ, les troupes alliées franchirent une seconde fois la frontière de notre département, et se présentèrent devant notre ville, qui les vit arriver avec un tel effroi que beaucoup d'habitants abandonnèrent leurs demeures..... C'était le prince de Wrède qui les commandait ! ! !

Chaque jour ce sont de nouvelles réquisitions de vivres pour la subsistance et l'approvisionnement des troupes, d'objets mobiliers pour les bivouacs, de chevaux et voitures pour le service militaire, de draps, cuirs, treillis, fer, clous, graisse, etc., pour l'habillement des hommes, l'équipement des chevaux et le service de l'artillerie ; les ouvriers même sont mis en réquisition. La livraison doit être faite dans les vingt-quatre heures, sous peine d'exécution militaire, et le prince de Selconburg, pour s'en assurer, retient les notables en otage. Aucun d'eux, cependant, ne fut victime.

Plus de 200,000 hommes des différentes armées, une cavalerie nombreuse, d'immenses parcs d'artillerie, traversent la ville et stationnent en partie sur son territoire. Ce n'est point assez : le 23, une garnison de 2,000 cuirassiers bavarois est encore installée à Bar-sur-Aube, et le 29, on y établit une ambulance de transport de 152 lits montés avec des effets pris chez les particuliers.

Pour subvenir à toutes ces dépenses, les habitants sont obligés d'user de toutes leurs ressources, et la

ville vote une somme de 20,000 francs qui, plus
tard, s'élève à 50,000, à part les 16,100 francs
formant son contingent dans la réquisition de
96,450 francs frappée par l'intendant des armées
russes sur l'arrondissement de Bar-sur-Aube.

Tel fut l'état de notre ville du 7 juillet au 9 novembre ; et jamais, cependant, pour ses pertes et
ses souffrances, elle ne put obtenir du gouvernement
aucune indemnité, malgré ses demandes réitérées.

Les terres demeurèrent incultes; les vignes, principale richesse du pays, furent pillées, arrachées,
ou restèrent sans culture ; le commerce, l'industrie,
furent anéantis : de là, la misère et la famine qui,
en 1816, achevèrent de ruiner notre malheureux
pays.

Une seule chose différencie la conduite des Alliés,
dans les deux invasions : « En 1814 ils prenaient
» sans demander ce que, en 1815, ils prenaient en
» demandant. »

Après un tel récit peut-on croire qu'il soit encore
des gens assez oublieux du passé pour rêver la
guerre civile qui infailliblement nous ramènerait

les mêmes horreurs. Espérons que le bon sens public triomphera, et que leur espérance parricide sera trompée !

En 1831, Louis-Philippe, venant de Chaumont, passa par Bar-sur-Aube avec ses deux fils, le duc d'Orléans et le duc de Nemours. A la jonction de la route de Chaumont, il fut harangué par le maire, M. Bertrand, qui était allé à sa rencontre, avec la garde nationale et le conseil municipal, et auquel il répondit par des paroles affectueuses. Il fut reconduit par les autorités jusqu'au haut de la ville, qu'il traversa à cheval, entre deux haies de gardes nationaux accourus de tous les environs pour voir et présenter leurs hommages au souverain alors à la mode.

A propos de ce passage, il faut que je vous raconte une petite anecdote. Lorsque S. M. descendit de voiture, on lui offrit un cheval, ainsi qu'aux princes ses fils. Que fit le duc de Nemours, en voyant un jeune et beau cheval destiné au roi ? Il le tira à lui, en disant à celui qui le présentait : « Donnez-moi celui-là : à mon père il ne lui faut

» plus que des rosses. » Et il l'enfourcha preste-
ment.

Là s'arrête l'histoire de la ville de Bar-sur-
Aube, car nous n'avons point cru devoir parler de
ses clubs, non plus que de la formation de sa garde
nationale en 1830, qui n'offrent rien de particulier ;
mais nous citerons, pour mémoire, le patriotisme
dont elle a fait preuve au 13 juin 1848, en marchant au secours du gouvernement menacé ; et nous
terminerons en souhaitant qu'il ne soit jamais
besoin d'ajouter un supplément à ce travail, *car,
dit le sage, le plus heureux des peuples est celui qui
n'a point d'histoire, c'est-à-dire point des calamités
à raconter... !*

BIOGRAPHIE

DES HOMMES ILLUSTRES

Nés à Bar-sur Aube.

———◦◦◦———

La ville de Bar-sur-Aube a produit un grand nombre de personnages distingués par leur science,
leurs vertus ou leurs talents : nous allons tâcher de les
faire connaître, en esquissant sommairement la vie
des plus célèbres.

Sainte Germaine.

Sainte Germaine, vierge et martyre, patrone de la
ville de Bar-sur-Aube. Cette sainte ayant refusé de se
rendre aux désirs d'Attila, ce barbare lui fit trancher
la tête le 19 janvier 452, jour où l'on célèbre sa fête;
et son tombeau, situé sur la montagne qui la vit naître et mourir, et qui maintenant encore porte son
nom, devint par la suite un pélerinage fameux.

Pour plus de détails, *voyez pag.* 105 à 115.

Saint Simon.

Le bienheureux Simon , d'abord comte de Crespy
et de Valois, devint ensuite, par la mort de sa mère,
quatrième comte de Bar-sur-Aube, où il était né.
Après avoir brillé à la cour de France et à celle
d'Angleterre, il embrassa la vie monastique en 1075,
et se retira au couvent de Saint-Claude en Franche-
Comté. Appelé à Rome par le pape, il y mourut en
odeur de sainteté , le 22 septembre 1082, et fut enterré à Saint-Pierre avec grande pompe. On célébrait
sa fête le 1er septembre.

Pour plus de détails, *voyez pag.* 132 à 134.

Chrestien

Pierre ou François Chrestien, aumônier du roi
Philippe-Auguste, naquit à Bar-sur-Aube dans le
courant du XIIe siècle. Sa vie est peu connue. Il fit
don à l'église Saint-Maclou d'une dent de son patron.

Jeanne de Navarre.

Jeanne de Navarre , seizième et dernière comtesse
de Champagne et reine de Navarre, naquit au château
de Bar-sur-Aube en 1272; elle épousa Philippe-le-Bel,
roi de France , en 1284 , et mourut à Vincennes, le
2 avril 1305 , à l'âge de trente-trois ans. Belle , éloquente et libérale , elle gouverna ses états en sage et
les défendit en héros , et , ajoute-t on , elle tenait

tout le monde enchaîné par les yeux, par les oreilles et par les cœurs. (MÉZERAI, *Hist. de France.* — *Art de vérifier les dates.*)

Pour plus de détails, *voyez pag.* 178 à 181.

Nicolas de Bar-sur-Aube.

Nicolas de Bar-sur-Aube, doyen de la collégiale de Saint-Maclou, docteur de Sorbonne et professeur de l'Université de Paris, naquit à Bar-sur-Aube, comme l'indique son nom. Il est célèbre par la dispute que lui et Guillaume de Saint-Amour soutinrent en 1255-56, avec les Jacobins et les Cordeliers qui se plaignaient qu'on les eût chassés de l'Université et qu'on leur eût enlevé deux chaires de Théologie, dont ils avaient pendant longtemps été en possession. Dans l'intérêt de la paix, il fut décidé, par sentence arbitrale, que les Frères Mendiants n'auraient plus à l'avenir que deux écoles, et qu'ils seraient toujours séparés des maîtres et des écoliers de l'Université; mais le pape Alexandre VI, considérant cet accommodement comme une rébellion contre l'Eglise romaine, se déclara pour les Frères Prêcheurs, qui jouissaient à cette époque d'un très-grand crédit, et déclara déchus de toutes leurs dignités, fonctions et bénéfices, Nicolas de Bar-sur-Aube et les autres docteurs qui avaient écrit ou parlé contre eux. *Le Livre des Périls des derniers temps,* par Guillaume de Saint-Amour, ne fit qu'échauffer la querelle, et, pour l'appaiser saint Louis envoya à Rome deux docteurs chargés de le faire examiner par le pape, ce que l'Université ayant appris, elle se hâta d'envoyer Guillaume de Saint-Amour, Nicolas de Bar-sur-Aube, et quatre autres députés, pour poursuivre la condamnation de *l'Evangile éternel*, dont ils faisaient tomber la haine non-seulement sur les Ordres Mineurs, dont Jean de Parme, son auteur, avait été général, mais encore sur tous les Ordres Mendiants qui, de leur côté, envoyèrent aussi des députés pour soutenir leur cause. Le pape condamna comme impie et exécrable le *Livre des Périls*, et le fit brûler publiquement; pour *l'Evangile éternel*, ne pouvant se dispenser de le condamner, à cause des nombreuses erreurs dont il est rempli, il prit la précaution de le faire condamner et brûler en secret. *(Histoire Eccl. de Fleury.)*

Geoffroy de Bar.

Geoffroy de Bar, cardinal et évêque d'Evreux, né à Bar-sur-Aube, mort en 1299. Il était déjà chanoine de l'église de Paris, dont plus tard il fut doyen, quand, en 1270, Robert de Sorbonne, l'institua son héritier, mais, après la mort de ce pieux docteur, en 1274 , il remit toute la succession à ses héritiers. Le 12 avril 1281, le pape **Martin IV** le fit cardinal sous le titre de Sainte-Suzanne.

Ce prélat avait entrepris de réformer les mœurs des religieux de Saint-Tanein de sa ville épiscopale.

Il mourut avant d'avoir pu apaiser leurs querelles. Son corps fut exposé pendant la nuit dans l'église du couvent, suivant la coutume du lieu ; c'était le livrer à ses ennemis. Les religieux, piqués de ce qu'il avait tenté de les remettre en règle et de réprimer le désordre dans lequel ils vivaient, portèrent l'animosité jusqu'à briser son cercueil, puis ils dépouillèrent le cadavre et le fouettèrent cruellement. Le secret fut mal gardé, la nouvelle de cet attentat se répandit bientôt dans toute la ville, et les moines furent condamnés à une amende annuelle de 40 sous, qu'ils payaient chaque année, le jour anniversaire de la mort du pontife. (*Hist. de France de Vély.*)

Pierre de Bar.

Pierre de Bar, archevêque de Cologne, cardinal en 1311, et doyen de la collégiale de Saint-Maclou à Bar-sur-Aube, dont il a dressé les statuts. (Mézerai, *Hist. du XIII*e *siècle.*)

Jean de Bar-sur-Aube.

Jean de Bar-sur-Aube, verrier en 1460. C'est à lui qu'on attribue la fameuse verrière de Sainte-Magdeleine à Troyes, qui contient la légende de saint Louis.

Bertrand de Bar sur Aube.

Bertrand de Bar-sur-Aube, évêque de Soissons.

Germain Béatrix.

Habile écrivain, né à Bar-sur-Aube, qui copiait des livres pour la bibliothèque de Louis XI.

Un manuscrit était un objet rare et précieux, quand l'art de multiplier les livres par le secours de l'imprimerie était inconnu, ou lorsque cette invention était encore dans son enfance. Avant cette découverte et celle du papier, 20,000 familles en France vivaient du travail de copiste sur vélin, et ils grattaient les productions sublimes des auteurs de l'antiquité pour y substituer les chroniques les plus absurdes.

Urbain Béatrix.

Habile écrivain, aussi natif de Bar-sur-Aube, peut-être le même que le précédent.

Despériers,

Despériers (Bonaventure), né à Bar-sur-Aube. Il fut fait, en 1536, valet de chambre de Marguerite de Valois, reine de Navarre, sœur de François 1er. On ignore les autres circonstances de sa vie, on sait seulement qu'il se donna la mort en 1554, dans un accès de frénésie.

On a de lui plusieurs ouvrages. Celui qui a fait le plus de bruit est le *Cymbalum mundi* ou *Dialogues poétiques fort antiques, joyeux et facétieux,* 1537 et 1538, in-8°. Ce n'est plus un ouvrage rare depuis qu'il a

été réimprimé in-12, à Amsterdam en 1711, et à
Paris en 1732. Auparavant on n'en connaissait que
deux exemplaires. Il est divisé en quatre dialogues,
dont le deuxième est une raillerie assez fine de ceux
qui cherchent la pierre philosophale, c'est le meilleur ;
les trois autres ne méritent presque aucune attention.
Lorsque cet ouvrage parut, il fut brûlé par le Parlement et censuré par la Sorbonne qui le condamna
comme pernicieux, quoique ne contenant pas des
erreurs expresses contre la foi; mais on soupçonna
que Despériers, attaché à une cour où l'erreur était
protégée, et ami de Clément Marot, avait voulu prê-
cher la réforme sous le voile de l'allégorie. Tous ceux
qui ont parlé de cet ouvrage, qui est écrit en français
quoique le titre soit en latin, le traitent de livre
impie, détestable, qui aurait mérité d'être jeté au
feu avec son auteur. Sans doute, ceux qui en ont porté
ce jugement ne l'avaient point lu, sa lecture leur
aurait fait voir que, à part quelques obscénités, il
pèche plus contre le bon sens que contre la religion,
et que c'est une pièce beaucoup moins recomman-
dable par son propre mérite que par la réputation
qu'on lui a faite en le censurant.

Ses autres écrits sont : 1° une *traduction* en vers
français de l'*Andrienne de Térence*, 1537, in-8° ; —
2° une *traduction* en français du *Cantique de Moïse;*
— 5° un *Recueil de ses OEuvres*, 1544, in-8°. On y
trouve des poésies, entre autres *Carême prenant en
tarantara,* dont les vers sont de dix syllabes dont le

repos est après la cinquième. L'abbé Régnier des Marais a composé une épître morale en cette mesure qui n'est pas fort harmonieuse, et a cru en être l'inventeur; cependant, avant Despériers, Christophe de Barrousso avait donné, en 1501, son *Jardin amoureux* en vers de cette façon. — 4º *Nouvelles Récréations et joyeux Devis*, 1551, in-4º; 1571, in-16; 1711, 2 vol. in-12. Quelques auteurs prétendent que ce dernier ouvrage n'est pas de lui. *(Dict. hist. — Hist. Eccl. de Fleury. — Hist. de France de Vély.)*

Nodin (François).

Cordelier Barsuraubois, auteur du VICTORIA HEBRÆORUM ADVERSUS ÆGYPTIOS.

Robert.

Robert (Claude), né à Bar-sur-Aube vers 1564, devint précepteur d'André Frémiot, depuis archevêque de Bourges, avec lequel il voyagea en Allemagne, en Italie et dans les Pays-Bas. Les cardinaux Baronius, d'Ossat et Bellarmin, lui donnèrent de nombreuses marques de leur estime. De retour en France, il fut nommé archidiacre et grand-vicaire de Châlons-sur-Saône. Ce savant mourut le 10 mai 1656, à l'âge de soixante-douze ans.

Le plus important de ses ouvrages est le grand recueil intitulé : *Gallia Christiana*, qu'il publia en 1625, en un volume in-folio. Les célèbres de Sainte-

Marthe augmentèrent dans la suite cet ouvrage utile, infiniment plus exact depuis que les Bénédictins de Saint-Maur en ont donné une nouvelle édition in-folio, et qui n'est pas achevée. *(Dict. hist.)*

Bourbon (Nicolas).

Bourbon (Nicolas), dit *le Jeune,* membre de l'Académie Française, professeur d'éloquence grecque et latine au collége d'Harcourt, et chanoine de Langres, naquit en 1554 à Bar-sur-Aube, d'un père médecin, et non pas à Vendeuvre, comme l'ont écrit quelques biographes qui l'ont confondu avec son grand-oncle Bourbon, dit *l'Ancien,* auteur du poème de *la Forge.* Erreur qu'ils se fussent évitée, s'ils avaient pris connaissance de l'Epître de Nicolas Bourbon à Jacques Pinon, et de son éloge fait par Garabi la Luzerne, inséré avec beaucoup d'autres à la fin de ses poésies. (*N. Borbonii Poemata.* Expos., pag. 140, 2ᵉ partie, édit. 1654.) *Is ex Barro ad Albam, lingonensi agri oppido, patre medico, oriundus;* ainsi que l'ont dit Colletet, Ménage, Balzac, Pelisson, ses contemporains et ses amis, et Chapelain, son élève au collége de Calvi, où il avait professé, ainsi qu'aux Grassins, avant d'entrer au collége d'Harcourt. D'ailleurs, on conserve encore à la bibliothéque du collége de Troyes quelques-uns de ses livres de classe sur lesquels son nom est ainsi écrit : *Borbonius Baralbulanus,* et sur d'autres : *Bourbon Barsuraulbois;* et sur la couver-

ture d'un Recueil grec et latin, qui probablement lui
a appartenu, on lit ces mots assez mal tracés, suivant
la coutume des beaux-esprits de cette époque : *Sum
Borbonii Baralbulani*, et plus bas sa devise : *Æqua
Minerva*.

Bourbon était très-instruit dans les lettres grecques
et latines, possédait très-bien l'histoire civile et litté-
raire de son temps, et écrivait également bien en
prose et en vers. La France le compte au rang des
plus grands poètes latins qui l'aient illustrée depuis la
renaissance des lettres : ses pensées sont pleines d'é-
lévation et de noblesse; ses expressions, de force et
d'énergie; et sa poésie, de ce feu divin qui anime ceux
qui sont nés poètes. On peut citer comme un échan-
tillon de son talent ces deux beaux vers latins en
l'honneur de Henri IV, placés sur la porte de l'Arse-
nal à Paris :

> Ætna hæc Henrico vulcania tela ministrat,
> Tela giganteos debellatura furores.

Sa réputation s'étendait jusqu'à l'étranger : le cavalier
Marin et le fameux Cromwel allèrent le visiter pendant leur séjour à Paris ; et tous les savants de son
temps avaient une telle confiance en-lui, qu'ils
n'osaient pas faire imprimer un ouvrage avant de
l'avoir consulté. C'était un homme grand, sec, vif,
ardent, d'une mémoire extraordinaire et remplie d'a-
necdotes curieuses : il aimait beaucoup la bonne compagnie, la bonne chère et le bon vin, et il avait cou-

tume de dire que *lorsqu'il lisait des vers français il
lui semblait qu'il buvait de l'eau.*

Ce poëte mourut à Paris, entre les mains de Guy-
Patin, son ami, le 10 août 1644, à l'âge de quatre-
vingt-dix ans, dans la maison des Pères de l'Oratoire
Saint-Honoré, où il s'était retiré en 1620. En 1623,
il avait été nommé chanoine de Langres, et le cardinal de Richelieu, qui lui faisait une pension de 600
livres, le fit recevoir membre de l'Académie Française
en 1637, en remplacement de Bardin; mais il n'avait
point recherché cette distinction, car il convenait lui-
même que son peu de connaissance de la langue française ne lui permettait pas d'élever si haut ses prétentions: en effet, suivant quelques auteurs, il écrivait
aussi mal en français qu'il écrivait purement en grec
et en latin. Il recevait une semblable pension de 600
livres de M. Pothier, évêque de Beauvais, et une troisième, de 1,200 livres, de la reine Anne d'Autriche. A
sa mort, on trouva chez lui une somme de 15,000
livres dans un coffre-fort, et cependant il craignait
beaucoup de mourir dans l'indigence.

Ses poésies, recueillies pour la première fois en
1630, furent imprimées à Paris en 1651 et en 1654,
in-12. Ses *Imprécations sur l'assassinat de Henri IV*
passent avec raison pour son chef-d'œuvre. Le cardinal Duperron en fut si enchanté qu'il le nomma professeur d'éloquence au collège d'Harcourt, où il resta
depuis 1611 jusqu'à son entrée à l'Oratoire. On a
aussi de lui trois lettres curieuses sous le titre de

Apologeticæ commentationes ad Phyllarchum. Paris,
1656, in-4°. Voici quelle fut l'origine de ces lettres :
Le père Goulu, général des Feuillants, caché sous le
nom de Phillarche, avait vivement attaqué Balzac qui
excitait tous ses amis à le défendre. Bourbon eut
cette complaisance, et de Langres, où il était chanoine, il lui écrivit une longue lettre latine fort étu-
diée où il lui donna de grands éloges aux dépens de
Phillarche, mais il demanda que cette lettre ne fut
vue que de quelques amis communs, et qu'elle ne fut
point imprimée, ce qui n'empêcha point Balzac de
l'insérer dans une nouvelle édition de ses *Lettres,* qu'il
donna en 1650. Le père Goulu était fils et frère de
professeurs de langue grecque au même collége royal
que Bourbon , aussi la publication d'une lettre qui
offensait son collègue lui fut très-sensible; d'ailleurs, les
amis des Feuillants lui reprochaient d'avoir, lui prêtre de l'Oratoire, pris parti en faveur d'un homme du
monde contre le général de l'Ordre. Il se plaignait
donc vivement de la perfidie qui lui avait été faite
par Balzac qui, de son côté, le traitait de lâche dé-
serteur. C'est sur cela que roulent les trois lettres
citées plus haut, et tout cela aboutit à une rupture
ouverte; mais cette brouille ne dura pas longtemps,
Chapelain les reconcilia, et ils célébrèrent la paix par
des vers.

On a fait un Recueil des bons mots de ce poète intitulé *Borboniana.*

Griselle (de).

Le sieur de Griselle, chanoine de la collégiale de Saint-Maclou à Bar-sur-Aube, et aumônier de la reine d'Angleterre Marie, épouse du roi Jacques II retiré, en 1690, au château de Saint-Germain-en-Laye.

Maizières.

Le sieur Maizières, architecte du roi de Portugal Jean V, mort à Lyon vers 1729.

Vouillemont.

Sébastien Vouillemont, graveur au burin distingué, mort en 1725.

Entre autres estampes recherchées de ce graveur, on cite le *Massacre des Innocents*, d'après Raphaël ; les *Pèlerins d'Emmaüs*, d'après le même ; *la Vierge et l'Enfant Jésus*, d'après le Parmesan ; et beaucoup d'autres morceaux, tant de sa propre composition que d'après les peintres les plus fameux.

Il y a encore des Vouillemont ici et à Arsonval où est né le brave général Vouillemont mort à Bar-sur-Aube en 1846.

La Motte.

Le comte de la Motte, gendarme de la compagnie des Bourguignons, époux de Jeanne de Saint-Remy de

Valois, si célèbre par la malheureuse histoire du Collier, était né à Bar-sur-Aube. Sa femme descendait d'un fils naturel de Henri II, roi de France ; elle était née à Fontete ·le 22 juillet 1756 et pensionnée du roi. Il l'épousa le 6 juin 1780, sur la paroisse de Sainte-Magdeleine à Bar-sur-Aube. (*Etat civil de Bar-sur-Aube.*)

Dusommerard.

Dusommerard (Simon-Nicolas-Alexandre), savant antiquaire et conseiller à la Cour des Comptes, né à Bar-sur-Aube, le 31 août 1779, de Sébastien-Alexandre-Jean Dusommerard, contrôleur ambulant des Généralités de Paris et de Champagne, et de Marie-Agnès-Julienne Clément. Baptisé à l'église Saint-Maclou.

Dusommerard , à son retour de l'armée d'Italie, entra en 1807 à la Cour des Comptes. Plein d'admiration pour les beautés des temps anciens, il conçut alors le projet de conserver les restes d'un art dont les traces disparaissaient chaque jour, et, dans ce but, il se mit à la recherche des monuments du moyen-âge et du siècle de François Ier. Sa collection , à laquelle il consacrait tous ses loisirs, et qu'il augmentait chaque jour, était devenue une des richesses archéologiques de Paris en 1832 , lorsqu'il eut l'idée de la transporter dans l'hôtel de Cluny, dont il fit l'acquisition, et qui, grâce à ses soins, devint bientôt un véritable musée public. Tous les dimanches il y avait foule chez lui comme au Louvre. Ce n'était pas assez pour le savant archéologue d'abandonner à l'indiscrétion du public les reliques historiques qu'il avait rassemblées avec tant de peine, il se plaisait encore à expliquer toutes ces choses, et répandait ainsi autour de lui les sciences qu'il avait acquises par de longues études. Par là, Dusommerard a véritablement propagé en France le goût de nos antiquités nationales. A sa mort, arrivée en 1842, sa collection est devenue propriété de l'Etat, en vertu d'une loi qui a également autorisé l'acquisition de l'hôtel de Cluny où elle se trouvait renfermée. Cet hôtel, réuni au palais des Thermes, forme aujourd'hui un musée d'antiquités nationales qui, sous l'habile direction de M. Dusommerard fils, s'est augmenté de monuments précieux.

On lui doit : *Notice sur l'hôtel de Cluny et le palais des Thermes* (1834); — *les Arts au moyen-âge* (5,510 pl. in-f⁰ et 5 vol. de texte. 1842-46), ouvrage capital auquel il travailla jusqu'à la fin de sa vie, et qui prouve autant de goût que de science. *(Etat civ. de Bar-sur-Aube. — Bouillet.)*

Beugnot.

Le comte Beugnot (Jacques-Claude), l'un des hommes les plus spirituels de son temps, naquit à Bar-sur-Aube le 25 janvier 1761. Avant la révolution de 1789, il était lieutenant-général au présidial de Bar-sur-Aube. En 1790, après la division de la France en départements, il fut nommé par ses compatriotes procureur-général-syndic de celui de l'Aube. En 1791, il fut élu député à l'Assemblée législative, où il se montra zélé défenseur de la liberté des cultes ; il proposa de n'accorder de traitement qu'aux prêtres assermentés, en laissant toutefois aux fidèles le choix des ecclésiastiques.

Beugnot vota constamment avec les partisans de la monarchie constitutionnelle, dénonça la municipalité de Paris comme favorisant la publication d'écrits incendiaires, notamment le journal *l'Ami du Peuple*, et fit décréter d'accusation son rédacteur, le farouche Marat (3 mai 1792), qu'il accusait d'avoir, par ses écrits, contribué à l'assassinat du général Théobald Dillon tué à Lille par ses soldats. La modération de Beugnot lui ayant attiré la haine des révolutionnaires, il jugea prudent de se tenir à l'écart après l'événement du 10 août : de cette époque, il cessa de siéger à l'Assemblée. Arrêté comme suspect, en vertu de la loi promulguée le 17 août 1793, il fut conduit à la Conciergerie, puis à la Force, d'où il ne sortit qu'après le 9 thermidor, et se livra de nouveau à la retraite afin de ne pas servir le Directoire.

Après la révolution du 18 brumaire, Lucien Bonaparte, qui était alors ministre de l'intérieur, chargea Beugnot de l'organisation des préfectures, et lui fit obtenir celle de Rouen (Seine-Inférieure), qu'il conserva jusqu'en 1806, époque à laquelle il fut nommé conseiller d'Etat, section de l'intérieur.

En 1807, on lui confia le soin d'organiser le nouveau royaume de Westphalie, et le roi Jérôme Bonaparte, qui l'estimait beaucoup, en fit son ministre des finances. En 1808, il était de retour à Paris et rentrait au conseil d'Etat.

Au mois de juillet de la même année, il fut placé à la tête du grand-duché de Berg, en qualité de commissaire impérial et de ministre des finances ; c'est à cette époque qu'il reçut les titres de comte et de grand-officier de la Légion-d'Honneur. Après la retraite de Leipsick, il dut quitter l'administration du duché de Berg et rentrer en France, où il arriva en novembre 1813. Peu de temps après, il fut nommé préfet du Nord par *intérim*.

En 1814, après la déchéance de l'Empereur, il reçut à Lille, du gouvernement provisoire, le portefeuille de l'intérieur, qu'il ne conserva que quelques semaines. Son premier soin, en arrivant à ce ministère, fut de faire placer sur le Pont-Neuf la statue en plâtre de Henri IV, avec cette inscription sur le piédestal :

Ludovico reduce Henricus redivivus.

Le 18 mai de la même année, le roi le nomma directeur-général de la police ; c'est lui qui fit rendre la loi du 18 novembre 1814, sur la célébration forcée des fêtes et dimanches.

Il ne resta pas longtemps directeur-général de la police, il échangea ce titre contre celui de ministre de la marine. C'est pendant qu'il occupait ce poste que Napoléon quitta l'île d'Elbe , ce qui décida tout naturellement , disent les auteurs de la *Biographie des Contemporains*, M. Beugnot à aller à Gand rejoindre la famille royale.

A la seconde restauration, il fut nommé directeur-général des postes. En septembre 1815, on lui retira cette place, et on le nomma ministre d'Etat et membre du conseil privé. La même année, il fut nommé député de la Marne, et vota avec la minorité. Après l'ordonnance du 5 septembre, il fut élu par deux colléges, et opta pour la Seine-Inférieure ; il continua de siéger au côté gauche. Cependant, chargé, en décembre suivant, d'examiner, en qualité de rapporteur, le projet de loi sur la création de sept millions de rente, pour garantie du paiement à effectuer aux souverains coalisés, il en proposa l'adoption pure et simple.

Le 7 février 1816, il s'opposa fortement à la proposition faite par le député de Blangy, d'augmenter de 60 millions le traitement du clergé, ce qui ne l'empêcha pas, en 1821, de parler en faveur de l'érection de nouveaux siéges épiscopaux, et de soutenir la loi sur les pensions ecclésiastiques.

Le 1er mars 1821, il fut fait grand'croix de la Légion-d'Honneur, et pair de France le 28 février 1830 ; mais l'article 68 de la nouvelle Charte vint l'exclure de la Chambre avant même d'y avoir siégé.

Le comte Beugnot resta député jusqu'en 1831 ;

mais fatigué de l'état d'hostilité dans lequel il vivait avec ses collègues, il se retira alors à Bagneux près Paris, où il mourut le 24 juin 1835, à l'âge de soixante-quatorze ans.

Il a laissé des *Mémoires* dont la *Revue Française* de 1838 a publié des extraits. (*L. Coutant*, etc.)

L'abbé Aubert.

L'abbé Aubert, curé de Couvignon, membre de l'Assemblée constituante.

Charton.

Charton, ancien président du tribunal de Bar-sur-Aube, député pendant les Cent jours.

L'abbé Vitalis.

L'abbé Vitalis (Jean-Baptiste), né à Bar-sur-Aube le 26 février 1759, curé de la paroisse de Saint-Eustache à Paris, officier de la Légion-d'Honneur, secrétaire perpétuel de l'Académie de Rouen, membre de l'Université et de plusieurs sociétés savantes, administrateur du bureau de bienfaisance du troisième arrondissement de la ville de Paris, dans laquelle il est décédé, le 31 mai 1832, à l'âge de soixante-treize ans.

Letellier.

Letellier, fils d'un huissier de Bar-sur-Aube, avocat à la cour royale de Paris, membre de la Légion-d'Honneur, secrétaire de Masséna, ancien secrétaire du Tribunat et de la chambre des Députés, et traducteur élégant de *Morceaux choisis de Tacite*.

Madame Joliveau.

Madame Joliveau, née Géhier, auteur de *Fables* assez bien versifiées, d'un poème de *Suzanne*, en quatre chants, et de quelques *Poésies légères*.

Bourgeois de Jessaint.

Adrien-Sébastien Bourgeois de Jessaint, fils de Claude-Laurent Bourgeois de Jessaint, receveur particulier des finances de l'élection de Bar-sur-Aube, et de Louise Ganeau, naquit en cette ville le 18 décembre 1788.

Homme bienfaisant et administrateur distingué, M. de Jessaint remplit avec honneur plusieurs fonctions importantes, il fut successivement auditeur au conseil d'Etat, sous-préfet de Troyes, préfet du Léman, parlementaire envoyé au comte de Budua par les généraux Marchand et Dessaix, commissaire extraordinaire adjoint au duc de Doudeauville dans les départements (1814), sous-préfet de Soissons et de Saint-Denis, préfet de la Lozère, du Gard (1834), d'Eure-et-Loire qui lui doit l'établissement d'un dépôt général pour les enfants trouvés et impotents, et enfin de la Haute-Marne où le trouva la révolution de février 1848. Il fut récompensé de ses longs services par plusieurs médailles d'or et le grade de commandeur de la Légion-d'Honneur, et mourut à Jessaint, regretté de tous, le 23 mars 1850, dans sa soixante-deuxième année.

PIÈCES JUSTIFICATIVES.

ꝃ✥ꝃ

Toutes ces pièces ont été copiées textuellement, en conservant
l'orthographe et la ponctuation.

ꝃ✥ꝃ

I. — 1147. *Bulle du pape Eugène III* par laquelle le Saint-Siége
prend sous sa protection tous les biens de la Maison-Dieu Saint-
Nicolas de Bar-sur-Aube, et *Bulles des papes Alexandre III et
Innocent III* accordant différents priviléges à ladite maison, et confirmant les dons qui ont été faits. (*Voy. Arch. de l'hôpital.*)

II. — 1152. *Charte de Thibaut Ier*, comte de Blois et de
Troyes, et de Henri, son fils, portant franchise de tous les biens
possédés et à posséder par la Maison-Dieu de Saint-Nicolas de Bar-
sur-Aube, et donation du moulin de la Dhuy à ladite maison. (*Id.*)

III. — 1162. *Titre* par lequel le gouvernement temporel de la
Maison-Dieu de Vitry est mis sous celui de Saint-Nicolas de Bar-sur-
Aube, à la réserve des droits spirituels pour l'évêque de Châ-
lons. (*Id.*)

IV. — 1169. *Don de cent sous de rente sur l'étalage, par
Henri Ier, comte de Troyes, à la Maison-Dieu de Saint-Nicolas
de Bar-sur-Aube.*

Ego HENRICUS, Trecensium comes palatinus, universis presentibus
et futuris notum facio quod Domui Dei de Barro centum solidos
annui redditus singulis annis reddendos in vigilia natalis Domini in

perpetuam clemosinam, in stallagio meo Barri dedi, quod notum ha-
beatur et firmum permaneat litteris annotatum sigilli mei impressione
firmavi, affuerunt autem hujus rei testes Guillelmus Maverrolus, Ar-
taldus Camerarius, Petrus lingonensis, Herbertus tunc temporis pre-
positus Barri, Joannes Ostrusevius, Galterius de Porta, Guibertus de
Barro. Actum est hoc Trecis, anno incarnationis Verbi M°C°LX°IX.
Tradita per manum Guillelmi Cancellarii.

V. — 1170. *Don de l'église de Colombey-la-Fosse, par Gauthier,
évêque de Langres, à la Maison-Dieu de Saint-Nicolas de Bar-sur-
Aube.*

Ego GALTERUS, Dei gratiâ lingonensis episcopus, presentibus et futuris notum facio me in perpetua elemosina dedisse Domui Dei de
Barro ecclesiam de Colombeio in Fossâ liberè et quietè possidendam,
itâ scilicet quod curam animarum à Pontifice lingonensi vel à decano
Barri *Magister ejusdem domus* et ei futuris temporibus *in magisterio*
succedenter repetunt et liberè suspiciunt, ne autem succeduis temporibus donum istud aliquis infringere voleat cartam ex indè fieri et
sigillo nostro muniri voluimus. Indè testes fuerunt Manasses decanus
lingonensis et de Barrensis archidiaconus, Petrus decanus Barri,
Nicolaus Magister de Normand, anno M°C°LXX°.

VI. — 1170. Don en qualité d'aumône, par Abelin, seigneur
d'Ambonville et de Lignol, à la Maison-Dieu Saint-Nicolas de Bar-
sur-Aube, de la grange ou ferme de Fresne située au finage de Lignol,
et de la grange ou ferme de Beauvoir, située au finage de Courcelles.
' (*Voy. Arch. de l'hôpital.*)

VII. — 1176. *Autre titre* portant don par l'évêque de Langres de
la cure de Lignol à l'hôpital Saint-Nicolas. (*Id.*)

VIII. — 1179. *Don à la Maison-Dieu de Bar-sur-Aube du fer-
mage de Fuligny, etc., par Henri I*er*, comte de Troyes, et Thibaut
de Fulignil.*

Ego HENRICUS, Trecensium comes palatinus, notum facio presenti-

bus et futuris quod ego et *Theobaldus de Fulignil* dedimus Domui
Dei de Barro, pro animabus antecessorum nostrorum et nostris quantum terræ culturæ carrucæ uni possit sufficere grangiæque de Fulige-
nensis totum usuarium nemorum nostrorum concessimus habendum
et pasturam, istud laudavit Vuillelmus frater dicti Theobaldi, imat
eidem uxor et pueri, idem etiam Theobaldus dedit domui prædictæ
unam quadriga duos equos habentem usuarium mortui nemoris
et carbone et etiam notum fieri volo quod eidem domui dedi XX ar-
pennos terræ apud Barbonam in mergiis et Remaldum et familiam
ejus, hanc autem elemosinam ut nota permaneat et rata teneatur ad-
notata sigilli mei impressione firmavi, testibus Hugone de Planciaco,
Guillelmo Marescallo, Guillelmo Elemosinario, Artaldo Camerario,
Galterio de Porta, Odone Laqualle, Martino Majore et Rollando.
Actum apud Castellionem super Sequanam, anno incarnati Verbi
M°C°LXX°IX. Data per manum Stephani Cancellarii.

IX. — 1179. *Don par Henri Ier, à l'hôpital Saint-Nicolas,
d'une partie du péage des foires.*

Ego HENRICUS, Trecensium comes palatinus, notum fieri volo quod
tertiam partem thelonei instancorum in nundinis quam Petrus Ligo-
nensis emit à Stephano de Bezunto et *domui hospitalis* dedit, eidem .
domui laudavi et concessi tertiam partem duarum partium ejus thelonei quam ipse Petrus emit ab Alberio Remensi, et eidem domui con-
tulit, quæcumque etiam ipse Petrus propria habebat in eodem theloneo et *prædictæ* domui dimisit, approbavi et concessi, et ego ipse quid-
quid in ipso theloneo habebam memoratæ domui in perpetuam elemosinam contuli, concedens et confirmans ut eadem domus idem the-
loneum integrè possideat in perpetuum et hoc ut ratum teneat sigillo
meo communivi, testibus domino Ansello de Triangulo, Garnero fratre
ejus, Hugone de Planciaco, Matheo Rufo, Lucone de Trecis, Egone
Rabie, Vuillelmo Marescallo, Artaldo Camerario, Matheo de Trecis et
Manasse de Clauso. Actum Trecis, anno incarnati Verbi M°C°LXX°IX.
Data per manum Stephani Cancellarii.

X. — 1180. *Don* par Mathieu, évêque de Troyes, à Henri, maître de la Maison-Dieu de Bar-sur-Aube, de l'église de Fuligny. (*Voy. Arch de l'hôpital.*)

XI. — 1190. *Don en aumône* de la ferme de Moslain, située au finage de Lignol, à la Maison-Dieu de Bar-sur-Aube, par Robert, seigneur de Lignol. (*Id.*)

XII. — 1202. *Don* par Gauthier, seigneur de Vignory, à la Maison-Dieu de Bar-sur-Aube, de l'usage et pâturage dans ses bois et terres. (*Id.*)

XIII. — 1202. *Bulle du pape Innocent III confirmant le don de 20 sous de rente fait aux lépreux de Bar-sur-Aube par le seigneur de Fuligny.*

INNOCENTIUS, episcopus, Servus Servorum Dei, dilectis filiis leprosis Barri salutem et apostolicam benedictionem. Cum à nobis petitur quod justum est et honestum, tam vigor equitatis quam ordo exigit rationis, ut id per sollicitudinem officii nostri ad debitum perducatur effectum, ea propter dilecti in Domino filii nostris justis postulationibus gratum impatienter assensum, donationem quam liberaliter nobis fecit dilectus filius G., dominus *de Folingeis*, ut videlicet de redditibus quos habet apud Blaincourt annis singulis vigenti solidos colligatis, sicut canonicè facta est, et in authentico ipsius pleniùs continetur auctoritate apostolicâ confirmamus. Nulli omnimodo hominum liceat hanc paginam nostræ confirmationis infringere, vel ei ausu temerario contrà ire, signis autem hoc attemptare præsumpserit, indignationem omnipotentis Dei et beatorum Petri et Pauli, apostolorum ejus, se noverit incursurum.

Datum Lateran., II nonarum februarii, pontificatus nostri anno quinto.

XIV. — 1211. *Don* à l'hôpital Saint-Nicolas d'une vigne située à Thors, par Agnès Fauconnier. (*Voy. Arch de l'hôpital.*)

XV. — 1213. *Don à l'hôpital Saint-Nicolas d'une maison et de deux vignes, à Colombé-le-Sec et au Val de Thors, par Thibaut, chanoine, en présence de Gillou (Egidius), doyen de Saint-Maclou. (Id.)*

XVI. — 1222. *Charte de Thibaut IV, confirmant le don de chauffage et usage dans ses bois, fait à l'hôpital Saint-Nicolas, par le seigneur de Lignol.*

Ego comes Campaniæ, princeps palatinus, notum facio universis presentes litteras inspecturis, quod dilectus et fidelis meus Hugo de Lignol in presentiâ meâ constitutus recognovit se dedisse in perpetuam elemosinam ob remedium animæ suæ et uxoris suæ Emengardis Domui Dei Sancti-Nicolai de Barro super Albam usuarium in universalis nemoribus suis de forestâ de Lignol ad nemus quantum scilicet una quadriga cum uno equo poterit adducere semel in die, hanc autem elemosinam factam propter specialiter pro sororibus universis in predicta domo callefaciendi hac conditione apposita quod predicta elemosina non poterit ad alios usus commutari, neque vendi, neque modo alienari, prædictæ sorores teneantur facere anniversarium dictæ Emengardis, singulis annis ; hanc vero donationem cùm sit de feodo nostro laudamus et approbamus, in cujus rei testimonium presentes litteras feci fieri sigilli mei munimine roboratur. Actum anno Domini MCCXXII, mense septembris.

XVII. — 1239. *Donation par Thibaut IV, de l'hôpital Saint-Nicolas de Bar-sur-Aube aux Religieuses de Saint-Victor.*

THEOBALDUS, Dei gratiâ rex Navarræ, Campaniæ et Briæ comes, universis presentes litteras inspecturis in Domino salutem. Noverit universitas vestra quod attendentes destitutionem quæ erat in Domo Dei Sancti Nicolaï de Barro super Albam, et quod per inhabitantes dictæ domus non posset commodè reparari, et eadem domus esset de nostro dominio temporali : laude et assensu venerabilis patris Roberti, Dei gratiâ Lingonensis episcopi loci diocesani, dictam domum cum suis pertinentiis, intuitu Dei, contulimus sorori Acledi de Bulencuriâ et congregationi suæ Domino famulanti possidendam in perpetuum et habendam ; ita quod redditus dictæ domus hactenùs propriè

et immediatè ad hospitalitatem pauperum deputati in eosdem usus
pauperum remaneant, et fiat provisio et administratio eorumdem reddituum ad usus pauperum deputatorum per congregationem prædic-
tam, et si dictis pauperibus dictæ domus non provideretur sufficienter
à dicta congregatione de bonis dictis pauperibus deputatis, nos et
hæredes nostri dictam congregationem possemus compellere ad hoc
faciendum, et hæc facta sunt, salvis nobis et hæredibus nostris in dicta
domo gardia et dominio temporali ; in cujus rei testimonium presentes
litteras sigilli nostri munimine roboravimus. Actum anno Domini
millesimo ducentesimo trigesimo nono, mense Junio.

Scellé en cire verte à lacs de soie verte pendant. Sur le sceau est
représenté un chevalier armé de toutes pièces, et à l'entour est écrit :
Theobaldus rex Navarræ, Campaniæ et Briæ comes palatinus ; de
l'autre côté est empreint un écusson avec cette devise : *Passe avant
la Thiébaut.* (*Voy. pag.* 163.)

XVIII. — 1239. *Lettre de consentement de Robert, évêque de
Langres.*

ROBERTUS, divina miseratione lingonensis ecclesiæ minister hu-
milis, universis Christi fidelibus præsentes litteras inspecturis salutem
in Domino. Ut in nostris gesta temporibus robur perpetuæ firmitatis
obtineant et à posteriorum memoria non recedant, provisum est eaque
solemniter facta sunt litteris commendare, ea propter universitati
vestræ volumus esse notum quod nos attendentes Domum Dei Sancti
Nicolaï de Barro in spiritualibus et temporalibus miserabiliter fuisse
collapsam, et quod per habitatores loci non habebatur spes aliqua re-
levationis ipsius; communicato bonorum virorum concilio, de assensu
et voluntate expressâ illustris viri et fidelis nostri Theobaldi, Dei
gratiâ regis Navarræ, Campaniæ et Briæ comitis palatini, in cujus
dominio temporali prædicta consistere dicebantur; dictam domum Dei
Sancti Nicolaï, cum omnibus appenditiis suis, sorori Acledi et congregationi suæ in regula Sancti Victoris Parisiensis Domino famulan-
tibus, concessimus pacificè et quietè in perpetuum possidendam, salva
nostra et Ecclesiæ nostræ in omnibus et per omnia subjectione et
reverentia quam nos et predecessores nostri habuimus in loco me-

morato et appendiliis ejus, et salvo nobis jure diocesano in rebus pariter et personnis, salva eadem hospitalitate pauperum, et eo salvo quod redditus remaneant ad usus hospitalitatis pauperum deputati, quorum provisio dictæ sorori et ejus congregationi et earum successoribus remanebit, retenta nobis potestate corrigendi, si in provisione vel administratione hospitalitatis prædictæ eas contigerit omittere vel errare, salvo etiam eo quod in eadem domo per electionem canonicam à monialibus dictæ congregationis de Abbatissa providebitur, quæ nobis et successoribus nostris episcopis lingonensibus in perpetuum confirmandâ præsentatibur et benedicendâ, in cujus rei testimonium præsentes litteras sigilli nostri munimine fecimus roborari. Datum anno Domini millesimo ducentesimo trigesimo nono, mense Augusto.

Scellé en cire verte où est empreint un évêque en lacs de soie rouge pendant.

XIX. — 1240. *Bulle confirmative du pape Grégoire IX.*

GREGORIUS, episcopus, Servus Servorum Dei, dilectis in Christo filiabus, abbatissæ et conventui monasterii Sancti Nicolaï de Barro, ordinis Sancti Victoris lingonensis diocesis, salutem et apostolicam benedictionem. Eaquæ à fratribus et episcopis nostris pro divini cultu nominis providere statuuntur, apostolico convenit præsidio communiri, ne cujus quam temeritas illa præsumat concutere vel turbare, sane sicut accepimus venerabilis frater noster lingonensis episcopus olim attendens monasterium vestrum quod fuerat hospitale, propter malitiam habitantium in eodem à Deo esse collapsum in spiritualibus et temporalibus diminutum quod vix poterat in suo ordine reformari, in ipsum Sancti Victoris parisiensis ordinem introduxit, hospitalitate quæ ibidem consuevit servari hactenùs nihilhominùs reservatâ, nos igitur quod ab eodem episcopo super hoc factum est, gratum habentes, id auctoritate apostolicâ confirmamus, et præsentis scripti patrocinio communimus, litteris felicis recordationis Alexandri papæ nequaquam obstantibus, in quibus inter cætera dicitur contineri ut fratres ejusdem loci hospitalitatem desserviant et inchoatam religionem firmiter

teneant, nec alieni fas sit præter voluntatem fratrum ibidem commorantium in præfatam domum religionem aliam inducendi, nulli ergo
omni modo hominum liceat hanc paginam nostræ confirmationis infringere vel ei ausu temerario contrà ire; si quis autem hoc attentare
præsumpserit, indignationem omnipotentis Dei et beatorum Petri et
Pauli apostolorum ejus se noverit incursurum.

Datum Lateran. XI Kal. Decembris, pontificatus nostri anno tertio
decesimo.

Scellé en plomb pendant en lacs de soie rouge auquel sont empreintes les deux têtes de saint Pierre et saint Paul, et d'autre part
est écrit : *Gregorius PP. IX.*

XX. — 1240, *Bref du pape Grégoire IX, pour l'exécution de
cette bulle, adressé aux archidiacre de Meaux et official de Sens.*

GREGORIUS, Servus Servorum Dei, dilectis filiis archidiacono mel-
densi, cellario et officiali senom, salutem et apostolicam benedictionem. Cùm sicut accepimus venerabilis frater lingonensis episcopus
olim attendens monasterium Sancti Nicolaï de Barro quod fuerat hospitale propter malitiam habitantium in eodem à Deo esse collapsum
in spiritualibus et temporalibus diminutum quod vix poterat in suo
ordine reformari, in ipsum Sancti Victoris parisiensis ordinem introduxit, nos igitur quod ab eodem episcopo super hoc factum est gratum habentes nostrâ auctoritate apostolicâ duximus confirmandum,
litteris felicis recordationis Alexandri pp., predecessoris nostri, nequaquam obstantibus, in quibus inter cætera dicitur contineri ut
fratres ejusdem loci hospitalitati desserviant et inchoatam religionem
firmiter teneant, nec alicui fas sit propter voluntatem fratrum ibidem
commorantium in præfatam domum religionem aliam inducendi, quo-
circà discretioni vestræ per apostolica scripta mandamus quatenùs
dictum monasterium contra confirmationis nostræ tenere non per-
mittatis ab aliquibus indebitè molestari, molestatores hujus modi per
censuram ecclesiasticam appellatione post posita compescendo quod
si non omnibus his exequendis potueritis, intercedente uno vestrum
ea nihilominùs exequuntur.

Datum Lateran. XI kal. decembris, pontificatus nostri anno decimo tertio.

Scellé en plomb pendant en lacs de corde, auquel sont empreintes les têtes de saint Pierre et de saint Paul avec leurs noms (SPASPE), et d'autre part est écrit : *Gregorius PP. IX.*

XXI. — 1242. *Bulle confirmative du pape Innocent IV.*

INNOCENTIUS, episcopus, Servus Servorum Dei, dilectis in Christo filiabus abbatissæ et conventui monasterii Sancti Nicolaï de Barro, lingonensis diocesis, salutem et apostolicam benedictionem. Justis petentium desideriis dignum est nos facilem prebere consensum et nota quæ à rationis tramit non discordant effectu prosequent complere, cum igitur sicut accepimus venerabilis frater noster leodiensis tunc lingonensis episcopus, olim attendens monasterium vestrum quod fuerat hospitale, propter malitiam habitantium in eodem adeò esse collapsum, et in spiritualibus et temporalibus diminutum quod vix poterit in suo ordine reformari ; in ipsum Sancti Victoris parisiensis ordinem introduxit, nos igitur vestris precibus inclinati quod ab eodem episcopo proindè factum est in hac parte, ad instar felicis recordationis Gregorii PP, predecessoris nostri, auctoritate apostolicâ confirmamus, et presentis scripti patrocinio communimus ; nulli ergo omnimodo hominum liceat hanc paginam nostræ confirmationis infringere vel ei ausu temerario contrà ire ; si quis autem hoc attemptare presumpserit indignationem omnipotentis Dei et beatorum Petri et Pauli apostolorum ejus se noverit incursurum. Datum Lugdunensi, IX kal. aprilis, pontificatus nostri anno II.

XXII.— 1251. *Sauve-Garde donnée aux Dames de Saint-Nicolas par Thibaut IV, comte de Champagne.* (Voy. pag. 164.)

XXIII. — 1271. *Bulle de Grégoire X, pape, qui ordonne la restitution de leurs biens aux Religieuses du couvent de Saint-Nicolas.*

GREGORIUS, episcopus, Servus Servorum Dei, dilecto filio Decano capellæ divitum de Divione lingonensis diocesis salutem et apostoli-

cam benedictionem. Dilectarum in Christo filiarum abbatissa et conventus monasterii Sancti Nicholaï *de Barro super Albam ordinis
Sancti Augustini* lingonensis diocesis, precibus inclinati presentui
tibi auctoritate mandamus quatinus eaque de bonis ipsius monasterii
alienata inveneris illicitè vel distracta ad jus et proprietate ejusdem
monasterii legitimè revocare procures; contradictores per censuram
ecclesiasticam appellatione post posita compescendo ; testes autem
qui fuerint nominati si se gratia odio vel timore subtraxerint censura
simili, appellatione cessante, compellas veritati testimonium perhibere.
Datum Avinione, XIII kl. junii, pontificatus nostri anno primo.

XXIV. — 1301. *Lettres de Philippe-le-Bel pour la conservation
des priviléges de l'église Saint-Nicolas.*

PHILIPPUS, Dei gratia Franciæ rex, Ballivo Calvi-Montis salutem.
Mandamus tibi quod privilegia ecclesiæ Sancti Nicolaï de Barro super
Albam quatinùs eis utitur et usu fuit ab antiquo conservaris illesa, quid
indebitè ut irrationabiliter attemptatum fuit contrà ea studeas ad statum debitum revocare, ac dictam ecclesiam et personas ipsiùs ab injuriis et violentiis manifestis proùt ad te pertinet et fuit nostri de-
fendas.

Actum Silvanectis (Senlis), dominicâ post festum beati Dionisii,
anno Domini millesimo CCC primo.

XXV. — 1304. *Ordonnance du même roi concernant les libertés,
franchises, censives, etc., du couvent de Saint-Nicolas.*

PHILIPPUS, Dei gratia Franciæ rex, Ballivo Calvi-Montis, cæteris
que justiciæ ntræ ad quos presentes litteras pervenerint salutem.
Mandamus vobis et omnicuilibet quod Abbattissam Sancti Nicolaï super
Albam et ejusdem loci conventum in suis justis possessionibus, li-
bertatibus, immunibus et censivis antiquis, in quibus ipsas esse et fuisse
ab antiquo invenietis, manu teneatis et defendatis ab injuriis, violentiis
et oppressionibus manifestis. Non permittentes contrà ipsas aliquas
fieri indubitas novitates, quas si factæ sint ad statum debitum redu-
catis seu reduis, faciatis prout justum sit et advenientibus monitis

pareatis. Actum Parisiis, die Junii post nativitatem B. Joannis Baptistæ, anno Dom. 1304.

XXVI. — 1311. *Ordonnance du même roi du mois de janvier 1311, fixant le taux de l'intérêt aux foires de Champagne.*

..... In nundinis verò Campaniæ, ubi pro expeditione nundinarum mutuatur pecunia, vel creditur de nundinis ad nundinas, quæ sextiès sunt in anno ; propter graves summas mutuorum, vel alias creditas quæ contrahuntur ibidem, et in nundinarum favorem, *infligimus* pœnam creditori qualiter sub interesse nomine, vel alio præsumpserit, excedere pro singulis nundinis suprà dictis lucrum quinquaginta solidorum pro singulis centum libris creditis, pro minori crediti quantitate proratâ, quod intelligimus de lucro quod de mutuo recipitur, vel de cambio de nundinis ad nundinas...

Extrait des *Conférences de Guenois*, liv. 4, tit. 7, *des Usures et Constitutions de Rentes.*

XXVII. — 1360. Concession faite par CHARLES V aux habitants de Bar-sur-Aube, des fossés et forteresse de leur ville, à charge par eux d'entretenir les murs. (*Voy.* pag. 190.)

XXVIII. — 1435. Donation par CHARLES VII de la ville de Bar-sur-Aube à Jacques de Croy. (*Voy.* pag. 204.)

XXIX. — 1436. *Donation par Philippe, évêque de Langres, de l'hôpital Saint-Nicolas au prieuré du Val des Ecoliers*

PHILIPPUS, Dei et apostolicæ sedis gratiâ, electus confirmatus, Episcopus et Dux lingonensis, administrator perpetuus prioratûs Sancti Marcelli extra muros Cabilonenses, ordinis Cluniasensis, universis præsentes litteras inspecturis salutem in eo qui est omnium vera salus. Ad perpetuam rei memoriam, ad ea libenter intendimus quæ cultum regimenque ecclesiarum respiciunt, ac conservationem et reparationem ædificiorum et reddituum ecclesiasticorum concernunt, eaque favore opportuno prout possumus utilhàs persequimur ; cum

itaque sicut accipimus quod abbatia seu monasterium Sancti Nicolaï
de Barro super Albam, sub regulâ Sancti Augustini, quæ, temporibus retroactis, solebat gubernari per Abbatissam et Moniales, in ipsa
ecclesia Deo famulantes, ac divinis deservientes, sit Abbatissæ
solatio viduata et monialibus necessariis destituta, fructusque ejusdem
Abbatiæ sint occasione guerrarum tenues et exiles ac diminuti,
quod vix in eadem aliquæ moniales possint sustentari, sitque idem
monasterium in ipsa ecclesia Sancti Nicolaï domibus cæterisque
ædificiis ruinis difformatum, taliter quod vix aut numquam per
moniales posset relevari, huic est quod nos nolentes divinum cultum
et officium in eodem monasterio fieri consuetum, quasi tam penitùs
per easdem moniales derelictum diminuere, sed posse nostro, ut
nostro pastorali incumbet officio futuris temporibus augmentare
hospitalitatem que debitam et consuetam confovere, attendentes
inhonestam et impudicam vitam per easdem religiosas in dicto
monasterio hactenùs pergestatem, formidantes que verèsimiliter in
futurum, ne si mulieres dicto loco præponerentur, simili semita
incederent ; ut ego utiliùs et proindè possit dictum monasterium
regi et gubernari ac faciliùs relevari, et tam difformatum in conce-
denti statu reponi, ipsam abbatiam seu monasterium sic vacantem et
viduatam cum omnibus suis juribus, emolumentis et pertinentiis
universis, tam in capite quam in membris, prioratui et conventui
Valliscolarium, ordinis Sancti Augustini, nostræ lingonensis diocesis
et suis successoribus damus et concedimus, ac etiam conferimus, ac
in spiritualibus et temporalibus regimen et administrationem com-
mittentes, maxime hac consideratione moti, quod prædictum monasterium Sancti Nicolaï et dictus prioratus sunt ejusdem ordinis,
habitus, statutorum, ceremoniarum, habentque libros ac divinum
officium decantandum in ibi omni modo similes ; statuemus hac vice
duntaxat dictum monasterium Sancti Nicolaï per priorem futurum,
per ipsos priorem et conventuum Valliscolarium mominandum,
nobisque præsentandum, ut est moris in dicto ordine, regi et gubernari, et religiosos dicti ordinis in numero competenti, et juxtà
facultates ejusdem ecclesiæ, et deinceps per priorem, per religiosos

ejusdem ordinis et monasterii cum casus vocationis occurrent eligendum, et per nos et successores nostros episcopos lingonenses pro tempore existantes presentandum et confirmandum, juxta tamen statuta et decreta ipsius ordinis, jure tamen visitandi et aliis juribus episcopalibus nobis et successoribus nostris et quolibet alieno semper salvis. In cujus rei testimonium sigillum curiæ nostræ quo in absentia nostri sigilli uti volumus in hac parte, die quinta mensis octobris, anno Domini millesimo quadragentesimo trigesimo sexto, his præsentibus litteris fecimus apponi et muniri, datas Lingonensi, anno et die prædictis.

Per Dominum Electorem et Ducem lingonensem. — Signé, *Beguini*, avec paraphe, et scelléen cire verte pendant en parchemin.

XXX. — 1437. *Bulle confirmative du pape Eugène IV, changeant l'abbaye Saint-Nicolas en prieuré, adressée à l'Archidiacre de Langres.*

EUGENIUS, episcopus, Servus Servorum Dei, dilecto filio Archidiacono ecclesiæ lingonensis, salutem et apostolicam benedictionem. Ad ea per quæ monasteriorum et aliorum religiosorum quorum libet statu et diocesi consulitur, libenter intendimus illisque quantum cum Deo possumus favorem benevolum impartiri, dilectorum filiorum prioris et conventus prioratus Valliscolarium ordinis Sancti Augustini, lingonensis diocesis, nobis nuper exhibita petitio continebat, episcopus olim venerabilis frater noster Philippus, episcopus lingonensis, proindè considerans quod monasterium Sancti Nicolai de Barro super Albam, ordinis et diocesis prædictorum, in ecclesia et aliis scincturis ædificiis suis plurimum collapsum ac fructibus, reddiditbus et proventibus suis, non modicum diminutum, nec non abbatissa et monanialibus totaliter destitutum erat, quod que de illius reductione ac debitam observantiam per moniales prædictas faciendam nulla spes haberi poterat, ac dubium ne illuc ex tunc antea per aliquas mulieres minùs pudicas in religionis vilipendium regeretur, nec non sperans quod ipsum monasterium per priorem dicti prioratus ac conventum præfatos, si eis concederetur in spiritualibus et temporalibus utiliter et salubriter

dirigeretur, incrementa suspicere deberent præfatum monasterium
cum omnibus juribus et pertinentiis suis priori et conventui
prædictis donavit ac concessit, nec non voluit et ordinavit quod
illuc ex tunc. — Conventu qui ipsius monasterii prior exis-
teret ab eis eligendum, nec non episcopo lingonensi pro tempore
existenti confirmandum seu instituendum, regi et gubernari deberet
prout in ipsius episcopi ejus sigillo munitis litteris dicetur plenius
contineri, quare pro parte dictorum prioris et conventus nobis fuit
humiliter supplicatum ne donationi, concessioni, voluntati, ordinationi
ac litteris prædictis, nec non aliis contentis clausulis per eorum
substantiâ firmiori robur apostolicæ confirmationis adjicere, et alias
super hoc statui dicti monasterii opportune providere de benignitate
apostolica dignaremur, *nos igitur de præmissis certam notitiam non
habentes*, hujus modi supplicationibus inclinati discretioni tuæ per
apostolica scripta mandamus quatenus de præmissibus omnibus et
eorum circumstantiis universis auctoritate nostra tu diligenter infor-
mes, et si per informationem hujus modi ex fore vera repereris, super
quo *tuam conscientiam oneramus*, abbatiali dignitate in præfato monasterio priùs per te suppressa et extincta unum prioratum conventua-
lem auctoritate prædicta eriges et instituas, nec non præfatum monasterium cujus fructus et redditus et proventus vigenti librarum turo-
nensium parvorum secundum communem est imationem valorem
annuam, ut ipsi prior et conventus etiam asserunt non excedunt,
cum membris ac juribus ac pertinentibus suis universis, prioratus
Valliscolarium ac aliis priori pro tempore existenti et conventui præ-
fatis, ita quod unus eorum dicti monasterii prior existat ac prioratum
erigendum obtineat, nec non illum et monasterium hujus modi alias
juxtà prioratus Valliscolarium et ordinis prædictorum statuta et con-
suetudines regat pariter gubernat, hujus modi que fructus, redditus
et proventus in suos, ac monasterii prædicti usus et utilitates conver-
tat pariter et exponat, auctoritate prædicta concedas pariter et assi-
gnes, non obstantibus constitutionibus et ordinationibus apostolicis,
et statutis et consuetudinibus monasterii et ordinis prædictorum,
etiam juramento confirmatione apostolica vel quacumque firmitate
alia roboraris cæterisque contrariis quibuscumque.

Datum Bononiæ, anno Incarnationis dominicae MCCCCXXXVII, tertio idus aprilis, pontificatus nostri anno VII.

Pièces relatives à l'octroi de Bar-sur-Aube.

XXXI. — 1503. *Lettres patentes de Louis XII*, par lesquelles les habitants de Bar-sur-Aube sont autorisés à prendre, en outre du droit de gabelle et de celui payé par le marchand, deux sous parisis sur chaque minot de sel ; ledit octroi devant servir aux réparations des fortifications et emparements de la ville. — Continuation pour 4 ans, à condition de rendre compte de l'emploi des produits. (Approuvé par le conseil du roi, le 25 août.) — 1507 (10 janvier). *Nouvelles lettres* données à Blois, portant continuation pour 6 ans, en récompense des bons et loyaux services des habitants. — 1515 (16 novembre). Continuation pour 8 ans. — 1516. *Lettres de confirmation* données à Lyon par *François Ier*. — 1520. Continuation pour 8 ans (à Romorantin). — 1529 (5 janvier) .Continuation pour 8 ans. — 1537 (12 avril). Continuation pour 6 ans. — 1552 (16 avril). *Lettres patentes de Henri II*, données à Villers-Cotterets, continuant pour 6 ans. — 1558 (4 mars). Continuation pour 8 ans. — 1574 (6 mai). *Lettres patentes de Charles IX*, portant continuation pour 7 ans. — 1579 (26 août). *Lettres patentes de Henri III*, données à Paris, portant continuation pour 6 ans. — 1586 (6 mars). Continuation pour 6 ans. — 1594 (10 juin). *Lettres patentes de Henri IV*, à Paris, portant continuation pour 6 ans, avec augmentation de 2 sous, ce qui élève l'impôt à 5 sous, conformément à la demande déjà faite en 1579 (10 juin). — 1601 (6 août). Continuation pour 6 ans.

Ces quinze pièces sont en original dans les Archives de la Ville.

XXXII. — 1545. *Sentence de la Prévôté de Bar-sur-Aube, concernant l'administration de l'hospice Saint-Nicolas.*

Donné par nous NICOLAS DE LA GOGNEY, lieutenant de M. le prévost de Bar-sur-Aube, nous séant en jugement audit Bar-sur-Aube, le lundy troisième jour d'aoûst, l'an mil cinq cens quarente-cinq,

en la cause d'entre le Procureur du Roy, notre Sire, Demandeur par
Maistre *Ogier Guemelin*, son substitut, contre Frères *Guillaume
Aubry*, *Hugues Bonnyer*, *Blaise de Maisons*, *Chrestien Cornuot*,
Simon Babel, tous Religieux du prieuré de Saint-Nicolas dudit Bar,
Défendeurs comparant en leur personne, adiournés pour voir faire
closture de l'inventaire des biens delaissez par feu religieuse per-
sonne frère *Jacques de Provenchère*, dernier prieur dudit Prieuré,
Hospital et Maison-Dieu de Saint-Nicolas dudit Bar-sur-Aube, à pré-
sent vaccant par le deceds et trépas dudit feu de Provenchère, et
relatez par *Estienne Faverot*, sergent.

La cause appelée, après que lesdits religieux ont affirmé avoir le
tout mis en évidence, a été ledit inventaire tenu pour clos, et à ce
sont comparus les Manans et Habitans dudit Bar-sur-Aube, par
Edme Perret, leur syndic et procureur avec conseil; lesquels, avec
ledit Procureur du Roy, ont requis les titrescy-après transcrits estre
jus et publiés en la Cour de céans publiquement, et d'iceux enre-
gistrez coppie leur estre donnée par les mains du Greffier, pour la
conservation du droit des pauvres, considéré que par iceux appert
les biens dudit Prioré et Hopital estre députez seulement du moins
principalement pour la nourriture des pauvres, lesquels biens sont
maintenant dissipez sans en donner aucune chose aux pauvres.

Lecture desquels titres par nostre ordonnance a été faite publiquement en jugement pardevant Nous, lesdits Procureur du Roy, Avocats,
Procureurs, Bourgeois et autres dudit Bar, en bon nombre présens,
et chacun d'iceux avons fait transcrire de mot en mot au présent
acte dont sera donné coppie audit Procureur du Roy, et autre coppie
aux Habitans dudit Bar, pour estre mis au coffre public dudit Bar,
avec les autres titres servant à ladite ville, et au surplus veu lesdites
lettres et titres transcrits et autres mentionnés audit inventaire, avec
l'information faite par M. le Prévost dudit Bar, du revenu et gouvernement fait jusqu'à présent audit Hospital touchant les pauvres auxquels
n'a esté et n'est aucune chose que ce soit audit Prioré distribué :
Avons dit que le tiers du Revenu dudit prioré, et jusqu'à la concurrence d'icelui tiers sera employé à la nourriture des pauvres, fer-

meuro des lits et autres choses nécessaires dudit Hospital, le tout
jusqu'autrement en soit ordonné, et pour y avoir le regard, charge
et administration, avons quand a présent commis, et par ces présentes
commettons vénérable et discrète personne maistre *Maclou Marnat*,
prestre, prévost et chanoine de l'église collégiale de Saint-Maclou dudit
Bar, ledit *Edme Perret*, sindic, et frère *Blaise de Maisons*, l'un
desdits religieux, et les deux au refus et deffaut du tiers, qui, après
avoir fait serment en tel cas requis, aviseront tant aux meubles
nécessaires dudit hospital qu'à la nourriture des pauvres, lesquels
jusqu'à certain nombre ils ordonneront estre logés, nourris et traités
audit hospital Saint-Nicolas, ainsi qu'ils verront à faire, eu égard au
tiers dudit revenu et qualité d'iceux pauvres, nonobstant oposition ou
appellation quelconques et sans préjudice d'icelles, attendu la
matière et jusqu'autrement par justice en soit ordonné, et en cas
d'oposition, refus ou delay, la main du Roy tenant, sera donné jour
aux oposants, refusants ou délayants, en la Cour de ladite Prévosté,
pour dire leur cause d'oposition, refus ou délay, et par ledit sergent
royal de ladite Prévosté, sur ce requis, qu'à ce faire commettons.

Au bas de laquelle sentence, en son expédition, est transcrit la
charte du comte Thiébaut, du mois de may 1239, dont coppie est
cy-dessus, et après est écrit: Donné sous le scel de ladite Prévosté comme dessus; et ainsi signé au-dessous: J. BAILLOT, avec
paraphe.

XXXIII. — *Lettres patentes de Louis XIII confirmant les priviléges de la ville de Bar-sur-Aube.*

LOUIS, *par la grâce de Dieu Roy de France et de Navarre*,
à nos amez et féaux Conseillers les gens tenant nostre Cour des
Aydes à Paris, salut. — Par nos lettres pattentes en forme de
chartres, du mois de juin gvie quinze, à vous adressantes, nous avons,
pour les causes y contenues, continué et confirmé à nos chers et bien
amez les Bourgeois et Habitants de notre ville de Bar-sur-Aube, les
priviléges et concessions à eux accordées par les Roys nos prédécesseurs, entr'autres de ne pouvoir estre désunis ni desmembrés de

nos domaines en aucune sorte et manière que ce soit, de pouvoir
jouir d'une des quatre foires franches de Champagne et de Brie,
durant le temps de trois mois, à commencer du mardy devant la
mi-caresme et finissant au mardy, second jour des festes de Pente-
coste, aussy le pouvoir de nommer et eslire l'un d'entre eux extrait de
noble lignée pour capitaine de ladite ville, avoir la garde des
clefs et pourvoir au guetz et garde d'icelle, et outre ce de faire
contraindre les Habitants de trois lieues à la ronde pour
curer les fossés de ladite ville, lesquelles lettres vous ayant
ayant été par eux présentées, vous auriez par vostre arrest du
deuxiesme aoust gvi° quinze, ordonné icelles estre registrées, pour
jouir par les impétrants des priviléges, exemptions et immunitez y
contenues, ainsy qu'ilz en ont bien et duement jouy et usé, jouissoient
et usoient encore audit temps, et sans préjudice des procès, sy aucuns
y a ; laquelle modification suivie de l'arrest aussy par vous rendu sur
l'enregistrement de noz lettres pattentes obtenues par les Habitants de la ville de Reims, au mois d'aoust gvi° dix-sept, par lequel
vous auriez restraint les franchises et exemptions des quatre foires
de ladite ville de Reims pour les marchandises qui seroient vendues
au champ de foire seulement, ont donné subject aux fermiers des huit
vingtiesme impositions de l'Election dudict Bar-sur-Aube de poursui-
vre, mesme d'intenter de nouvel diverses actions à l'encontre desdits
habitants et obtenu vos arrestz des XXIII may gvi° XVII et XVIII aoust
gvi°XVIII, par lesquels vous auriez semblablement restraint la franchise
et exemption de ladite foire, pour les vins, denrées et marchandises qui
seroient vendues en ladite foire et lieux destinés pour icelle seulement,
et par ce moyen aussy dérogé auxdits priviléges et exemptions des-
quels lesdits Habitants et autres marchands forains ont paisiblement
jouy jusques audit temps, sans avoir été abstrainctz de mener leurs vins
et marchandises en aucuns champs de foire, et d'autant qu'iceux
Habitants sont fondez en titres et concessions de nous et des Roys
nos prédécesseurs, suivant lesquelz ils ont jouy de tout temps immémorial de la franchise en toute l'estendue deladite ville et fauxbourgs,
laquelle d'ailleurs est d'assez petite estendue et longuée de rivières na-

vigables, habitée d'un grand nombre de personnes qui n'ont aucun moïen de s'entretenir et païer tailles qui sont annuellement imposées sur eux que par la facilité qui leur est donnée par la franchise de ladite foire de faire le droit de leurs vins, lequel ils ne peuvent faire et nous payer lesdites tailles et droits qu'en les faisant par nous jouyr desdites franchises ainsy qu'ils ont faict en temps ; iceux Habitants nous ont très-humblement requis les vouloir faire jouir entièrement de ladite franchise. *A ces causes*, désirant favorablement traicter lesdits Habitants, nous vous mandons, commandons et très-expressément enjoignons, sans attendre de nous autres lettres que ces présentes qui vous serviront de première et finale jussion, que sans vous arrester à vos arrestz des XXII aoust gvI^cxv, XXIII may gvI^e XVII et XVIII aoust gvI^cxxvI et tous autres, faire jouir iceux Habitants de Bar-sur-Aube de la franchise exemption du sol pour livre pour les vins et autres denrées et marchandises qui seront par eux ou les marchands forains *vendus dans leurs caves, celliers et maisons, en toute ladite ville et fauxbourgs, pendant le temps de ladite foire, ainsi qu'ilz ont faict de tout temps auparavant les susdits arrestz ;* car tel est nostre plaisir, nonobstant lesdits arrestz et tous autres, et les édicts, ordonnances et réglements, au contraire que nous ne voulons nuyr ni préjudicier auxdits Habitants, et auxquels pour les raisons susdites et sans tirer à conséquence pour les autres villes, nous avons dérogé et dérogeons par ces présentes.

Donné à Paris le XXIXe jour de janvier, l'an de grâce mil six cens trente-un, de nostre règne le vingt-uniesme. Signé LOUIS.

XXXIV. — 1724. *Ordonnance de l'Intendant de Champagne pour rétablir les fossés* (22 may), sur la demande de l'administration municipale prétendant que les particuliers tournaient à leur profit un don fait à la ville.

XXXV. — 1725. *Acte de consentement du sieur de Vauconcourt, prieur-commandataire du prieuré de Saint-Nicolas, pour l'union du prieuré à l'hôpital.*

Par devant les Conseillers du Roy, Notaires gardes-scel au Châ-

telet de Paris, soussignés, fut présent Messire Jacques-Charles de
Vauconcourt, prieur-commendataire du prieuré conventuel, électif et
hospitalier de Saint-Nicolas de Bar-sur-Aube, ordre du Val des Ecoliers, diocèse de Langres, demeurant à Paris, rue des Bons-Enfants,
paroisse Saint-Eustache ; lequel ayant eu communication de plusieurs
titres et pièces par les sieurs Administrateurs de l'hôpital général de
Bar-sur-Aube concernant la fondation dudit prieuré hospitalier de
Saint-Nicolas, dont le sieur comparant est pourvu sur la nomination
du Roy, et en possession depuis vingt années environ, et que lesdits
administrateurs prétendent être dans son origine un hôpital qui n'a
pu être légitimement converti ni érigé en titre de bénéfice qu'avec
l'autorisation du Roy, et que, par cette raison, les religieux du Val des
Ecoliers n'ont pas droit de retenir partie des fruits et revenus dudit
bénéfice depuis quarante-cinq ans qu'ils s'en sont retirés, n'acquit-
tant plus même le service, au grand'préjudice des habitants et des
pauvres qui n'en reçoivent aucun secours, et que pour éviter toutes
les contestations prêtes à se déclarer, et les discussions à venir, et
ledit sieur comparant étant dans le dessein de concourir autant qu'il
est en son pouvoir au soulagement que les pauvres recevraient si le
prieuré de Saint-Nicolas et ses revenus étoient réunis au profit dudit
hôpital général, du consentement du Roy, et ledit sieur comparant
désirant de sa part prévenir de si pieuses intentions, *a*, par les présentes, *consenti et consent*, autant qu'il est en lui, avenant toutes
fois l'agrément de Sa Majesté, que ledit prieuré hospitalier de Saint-
Nicolas; ensemble les revenus et droits en dépendants, soient réunis
et incorporés audit hôpital général de Bar-sur-Aube, à la réserve
néanmoins que fait le sieur comparant, des revenus pendant sa vie,
dont il aura la jouissance jusqu'à concurrence seulement de la somme
de 650 livres, à laquelle il s'est restreint en faveur des pauvres dudit
hôpital, laquelle lui sera payée par chacun an, sur la recette dudit
hôpital général, de quartier en quartier, et par avance, franche et
quitte de toutes charges généralement quelconques prévues et im-
prévues, à commencer du jour que lesdits sieurs administrateurs
prendront possession dudit hôpital de Saint-Nicolas et entreront en

jouissance des revenus d'icelui, pour après son décès demeurer lesdits titres de prieuré hospitalier de Saint-Nicolas uni à perpétuité
audit hôpital général, sans pouvoir à l'avenir être présenté, conféré
et possédé par qui que ce soit, ce qui a été consenti et accepté par
M⁰ René *Bourgogne*, conseiller du Roy, grénetier au grenier à sel de
Bar-sur-Aube, président du bureau d'administration dudit Hôpital
général, demeurant ordinairement audit Bar-sur-Aube, de présent à
Paris, logé rue Saint-Antoine, paroisse Saint-Paul, à ce présent,
tant en ladite qualité de président que comme fondé de procuration
des sieurs administrateurs dudit hôpital général, passée devant
Regnaudot et Dumesnil, notaires audit Bar, le 13 du présent mois,
contrôlé ledit jour ; l'original de laquelle, qui a été par lui présenté,
est demeuré annexé à la minute des présentes pour y avoir recours,
après avoir été certifié véritable et paraphé par le sieur Bourgogne,
en présence des notaires soussignés, car ainsi est accordé entre les
parties comparantes, promettants, obligeants, chacun à son égard
renonçeants. Fait et passé à Paris, en l'étude de Marchand, l'un des
notaires soussignés, le 21 août 1725, avant midi, et ont signé la
minute des présentes demeurée audit Marchand, l'un des notaires
soussignés. — Signé *De la Balle* et *Marchand l'aîné*, avec paraphe
et scel.

Suit la teneur de ladite procuration, donnée à M⁰ Réné Bourgogne
par MM. Jean-François *Moussu*, greffier en chef au grenier à sel et
procureur ès siéges royaux de Bar-sur-Aube, Nicolas *Puissant*, procureur du roi audit grenier, Louis *Vannier*, commissaire de police,
et Charles *Jeudy*, ancien avocat du roi en l'hôtel de ville de Bar-
sur-Aube, y demeurant, administrateur de l'hôpital général des
pauvres, le 13 août 1725.

XXXVI. — 1745. *Lettres patentes de Louis XV autorisant l'é-
tablissement de l'hôpital Saint-Nicolas.*

LOUIS, *par la grâce de Dieu roi de France et de Navarre*, à nos
amés et féaux conseillers les gens tenant notre Cour du Parlement à
Paris, Salut. — Nos bien-aimés les Administrateurs de l'hôpital de

Bar-sur-Aube nous ayant fait représenter qu'en exécution de l'édit et
des déclarations des mois de mars, avril et août 1693, il avait été
rendu en notre conseil, le 30 septembre 1695, arrêt portant qu'il
serait établi dans la ville de Bar-sur-Aube un hôpital, auquel le feu
roi de glorieuse mémoire, notre très-honoré seigneur et bis-aïeul,
avait uni les biens et les revenus de la maladrerie de la ville de Bar-
sur-Aube, de l'hôpital et maladrerie de Laferté-sur-Aube, des maladreries de Châteauvillain, Essoyes, Vendeuvre, Chaource, Gyé-sur-
Seine, Lagesse et Mussy-l'Evêque ; qu'en conséquence de ces arrêts
il y avait eu un hôpital établi en ladite ville par le sieur de Clermont-
Tonnerre, son évêque de Langres, de concert avec les maires et
échevins de Bar-sur-Aube, et depuis un autre en la Maison-Dieu et
hôpital de Saint-Nicolas, sis au faubourg Saint-Michel de ladite ville,
ainsi qu'il est justifié par l'acte de délibération fait en l'hôtel, le 18
novembre 1740, et par le procès-verbal de translation et prise de
possession faite par le sieur De Serres, vicaire général du diocèse de
Langres, des 21 et 22 décembre suivant, en ladite Maison-Dieu et
hôpital de Saint-Nicolas ; mais que pour rendre cet établissement
stable à toujours, les exposants avaient recours à nous pour qu'il
nous plût de vouloir bien autoriser ladite translation dudit hôpital en
la Maison-Dieu et hôpital Saint-Nicolas sis audit faubourg Saint-
Michel de ladite ville ; confirmer en tant que besoin serait l'arrêt de
notre conseil du 30 septembre 1695, et leur accorder en conséquence
toutes lettres nécessaires ; nous avons par arrêt de notre conseil du
17 février dernier statué sur les fins et conclusions de la requête
desdits exposants insérée audit arrêt, et ordonné que pour l'exécution tant dudit arrêt que de celui du 30 septembre 1695, telles lettres
nécessaires seraient expédiées, lesquelles les exposants nous ont très-
humblement fait supplier de leur accorder.

A ces causes, de l'avis de notre conseil qui a vu lesdits arrêts,
nous avons autorisé, et, par ces présentes signées de notre main,
autorisons l'établissement ordonné par lesdits arrêts, d'un hôpital
en la ville de Bar-sur-Aube, et la translation dudit hôpital en la
Maison-Dieu et hôpital de Saint-Nicolas sis au faubourg Saint-Michel

de ladite ville; Ordonnons en conséquence que ledit hôpital sera et demeurera à l'avenir en ladite Maison-Dieu et hôpital de Saint-Nicolas auquel demeureront unis, comme nous les réunissons, les biens et revenus de la maladrerie dudit Bar-sur-Aube, de l'hôpital et maladrerie de Laferté-sur-Aube, et des maladreries de Châteauvillain, Essoyes, Vendeuvre, Chaource, Gyé-sur-Seine, Lagesse et Mussy-l'Evêque, ensemble les biens et revenus provenant des fondations, donations, legs et abandonnements faits aux pauvres de ladite ville, dont les exposants, en leur qualité d'administrateurs des biens et revenus appartenant aux pauvres, sont en possession, pour être lesdits revenus employés à la nourriture et entretien des pauvres qui seront reçus en ladite Maison-Dieu et hôpital de Saint-Nicolas, à la charge de satisfaire aux prières, services et fondations dont peuvent être tenus ledit hôpital et les maladreries qui y sont unies, et que lesdits biens et revenus et l'administration dudit Hôpital seront régis en la forme prescrite par notre déclaration du 12 septembre 1698, et encore à la charge par lesdits administrateurs de recevoir les pauvres malades des lieux et paroisses où sont situés ledit hôpital et lesdites maladreries, à proportion de leur revenu; Ordonnons que les titres et papiers concernant ledit hôpital de Laferté-sur-Aube, et les susdites maladreries, et les biens, revenus indépendants qui ont pu être la possession du sieur J.-B. Macé, ci-devant greffier de la Chambre royale aux archives de l'ordre de Saint-Lazare, et entre les mains des commis et préposés par lesdits intendants et commissaires départis en la généralité de Champagne, même en celles des Chevaliers dudit ordre, leurs agents, commis et fermiers ou autres qui jouissaient desdits biens et revenus avant ledit mois de mars 1693, seront délivrés, si fait n'a été aux administrateurs dudit hôpital, à ce faire le dépositaire contraint par toutes voies, quoi faisant ils en demeureront bien et valablement déchargés; si vous mandons par cesd. présentes vous ayez à faire enregistrer et exécuter selon leur forme et teneur, cessant et faisant cesser tous troubles et empêchements, et nonobstant toutes choses à ce contraires, car tel est notre bon plaisir.

Donné à Versailles, le 26e jour de mars, l'an de grâce 1745, de notre règne le 30e. Signé *LOUIS*. Et plus bas: Par le roi, *De Voyer*, avec paraphe. Scellé et contre-scellé de cire jaune.

XXXVII. — 1778 (30 juillet). *Réglement* fait par le roi en son conseil pour l'administration de l'hôtel de ville de Bar-sur-Aube. (*Voy. Arch. de l'hôtel de ville.*)

XXXVIII. — 1781. *Jugement* qui déclare que les fossés de la ville font partie du domaine de la Couronne, et ordonne que les détenteurs seront maintenus, seulement au lieu de payer à la ville ils devront payer à l'Etat. Ce jugement du conseil d'Etat est basé sur ce que Charles V a donné les fruits et non la propriété que, d'ailleurs, il ne pouvait détacher de la Couronne, c'est pourquoi le Roy est subrogé à la ville.

NOTES.

—

(a) Partie de la Champagne qui avait dix-huit lieues d'étendue du nord au midi, et douze du levant au couchant, ainsi nommée à cause du grand nombre de vallées dont elle est remplie, et qui comprenait les villes de Bar-sur-Aube, Joinville, Arcis-sur-Aube, Châteauvillain, Brienne et Wassy.

Les autres parties de la Champagne étaient :

1o *La Champagne* proprement dite, dont les principales villes sont Troyes, Châlons, Sainte-Menehould, Epernay et Vertus.

2o *Le Rhémois*, où sont les villes de Rheims, Rocroy, Fismes, Château-Portien, etc.

3o *Le Réthélois*,   —   Réthel, Maizières, Charleville, etc.

4o *Le Perthois*,   —   Vitry-le-François et Saint-Dizier.

5o *Le Bassigny*,   —   Chaumont, Langres, Montigny-le-Roi, etc.

6o *Le Senonois*,   —   Sens, Joigny, Tonnerre, Chablis, etc.

7o *La Brie Champenoise*, qui contient Meaux, Provins, Château-Thierry, Sézanne, Coulommiers, Montereau, etc.

(*b*) Poëtes religieux dont le principal ministère était de célébrer les vertus des héros.

(*c*) Selon M. Dieudonné-Baleine, *Segessera* serait formé des deux mots : *Seges*, moisson, et *Sera*, serrure, comme qui dirait *moissons mises sous clé.*

(*d*) Les Lingons (*Lingones, Longones, Lincassii*) étaient, selon Tite-Live, un peuple distingué des Gaules : les villes de Parme et de Padoue les regardent comme leurs fondateurs. Leur territoire était très-peuplé et s'étendait depuis la Seine jusqu'aux montagnes des Vosges ; ils étaient compris dans la Gaule Celtique et avaient *An-tematunum* ou *Andematunum*, aujourd'hui Langres, pour leur capitale.

(*e*) Peuple de la Gaule dont *Trecœ, Augustobona*, aujourd'hui Troyes, était autrefois la capitale.

(*f*) Ce Barrois était indépendant de celui qui relevait des ducs de Lorraine.

(*g*) *Ausculphus de Thil, Ligius de Vice-Comitate, Petrus de Fontetâ, Ligius de eâdem, Robertus de Masteil, Ligius de eâdem, et hi tres debent custodiam pro Vice-Comitate.*

(*h*) Les notables étaient choisis dans les différents corps, savoir :

Un dans le clergé ; — deux dans les gentilshommes, officiers militaires, et ceux pourvus de charges donnant la noblesse ; — un dans la prévôté royale ; — un dans toutes les autres juridictions ; — un dans les commensaux, bourgeois vivant noblement, avocats et médecins ; — un dans les négociants, commerçants et marchands ; — un dans les officiers des compagnies d'Arquebuse et de Milice bourgeoise ; — un dans les notaires, procureurs, chirurgiens, imprimeurs, libraires, et autres exerçant les arts libéraux ; — un dans les fabricants et principaux artisans.

(*i*) Gouverneurs connus de la ville, Lieutenants du Roi, Commissaires et Sous-Préfets :

Gouverneurs et Lieutenants du Roi. — Marquis de Linoncourt, de 1640 à 1645; Yardin, écuyer, seigneur d'Ailleville, de 1645 à 1670 ; Hubert Yardin de Champfleury, seigneur d'Ailleville, de 1670 à 1685 ; baron de Bussy, 1694 ; baron de Bressey, de 1695 à 1704; De Montholon, de 1704 à 1708 ; Etienne Verpillat de Beurville (lieutenant du roi), de 1708 à 1756; De Villars, de 1756 à 1776; Dupont de Compiègne, 1776 ; marquis de Mortbel, subdélégué de l'Intendance de Champagne : en 1785, il achète le gouvernement de Bar-sur-Aube avec finances.

Commissaires. — MM. Rivière et Trippier, commissaires du Directoire exécutif près l'administration municipale.

Sous-Préfets. — MM. Rivière, de la création à 1827 ; Perrigny, pendant les Cent-Jours; baron de Valsuzenay, de 1827 à 1839 ; Heulhard de Montigny, de 1839 à 1841 ; Henri Bourdon, de 1841 à 1844; baron Michel, de 1844 à 1847; Carré de la Crosnière, de 1847 à 1848; Prudhon, sous-commissaire envoyé par le Gouvernement provisoire en 1848 ; Viard, de 1848 à 1850; Vilcoq, de 1850 à

(*j*) En 1781, ce droit fut adjugé par la ville moyennant 180 livres 15 deniers.

(*k*) Le droit de *Courte-Pinte* était de onze sous par muid de vin détaillé, plus de deux deniers par sou du prix de la vente et un sou pour livre en sus pour l'octroi ; il fut adjugé par la ville 650 livres en 1781.

Le droit de *Gourmetage* comprenait les droits de *Reliage et Barrage des vins*, *de Courtage*, c'est-à-dire de charger et décharger les boissons sur les voitures, et celui de conduire dans les caves des particuliers les marchands forains. (En 1780, il fut adjugé huit sous six deniers.)

Tonlieu, droit seigneurial qui se payait pour les places où l'on étalait au marché.

Péage, droit pour un passage.

Etaux, droit d'étalage.

Forainage, droit d'entrée et de sortie sur les marchandises.

(*l*) *Doyens de Saint-Pierre connus :* Bernard, 1125 ; André, 1173 ; Jehan de Pons, 1471.

Ce titre, qui, avant la Révolution, était inhérent à celui de membre du chapitre de Saint-Maclou, fut repris par M. Girault, curé de Saint-Pierre de 1820 à 1842 ; par M. Maudier, de 1842 à 1851, et par M.

(*m*) On appelait autrefois *Oblat* ou moine-lai un soldat qui, ne pouvant plus servir à cause de ses blessures ou de son âge, était logé, nourri et entretenu dans une abbaye ou prieuré de nomination royale. Ce qui se payait pour chaque oblat a été appliqué aux Invalides.

(*n*) La Commende était un bénéfice donné par le Pape à un ecclésiastique nommé par le Roi pour une abbaye régulière, avec permission au *commendataire* de disposer des fruits pendant sa vie.

(*o*) *Recteurs, Abbesses, Prieurs et Supérieures de l'hôpital Saint-Nicolas, connus :* 1129, Rodolphe, *recteur.* — 1257, Aclède de Boulancourt ; ... 1433, Agnès de Rouvres, *abbesses.* — 1437, Jacques de Bourgogne ; 1540, Jacques de Provenchères ; 1608, Jean Leclerc ; *prieurs hospitaliers.* — 1622, Jean Demanur ; 1627, Nicolas Malingre ; 1640, Louis Dansse ; 1659, J.-B. Geoffroy ; 1700, Jacques-Charles de Vauconcourt ; *prieurs commendataires.* — *Supérieures depuis la Révolution :* Sœur Claire ; Sainte-Suzanne (Reine Jacob), de 1808 à 1848 ; Saint-Jérôme (Cath.-Bath. Préault), de 1848 à

(*p*) Cet article et le précédent sont extraits en partie de l'excellente notice qui précède *le Réglement de l'hospice.*

Je dois également des remerciments à M. Arnault, dont le *Voyage* m'a été d'un grand secours pour la partie archéologique de cet ouvrage.

(*q*) Le guy est une plante parasite qui naît sur certains arbres ; celui de chêne était en grande vénération chez les Gaulois qui le recueillaient avec de grandes cérémonies et le considéraient comme un spécifique universel. Certaines, contrées où probablement on le récoltait, conservent le nom de *Cugnots*.

(*r*) Havage vient de l'ancien mot *havir* qui signifie prendre, de sorte que le droit de *havage* ou *havée* était le droit de prendre ce que la main pouvait contenir.

(*s*) C'est-à-dire Gots de l'ouest ; ceux de l'est s'appelaient Ostrogots.

(*t*) C'est une tradition aussi ancienne que le fait que sainte Germaine est tombée en ce lieu martyre du Christ.

(*u*) Suivant l'histoire et les monuments anciens, une horde de Vandales fonda cette ville, d'où son nom de *Vendœuvres*.

(*v*) Vers cette époque fut bâti ou certainement réparé le couvent et hôpital de Saint-Nicolas dans un faubourg de Bar-sur-Aube. Occupé par des hommes d'abord et plus tard par des femmes, il fut ensuite érigé en abbaye puis dégénéra en prieuré.

(*x*) *Syndics et Maires de Bar-sur-Aube dont les noms nous ont été conservés* : Gauthier Cornu, 1251 ; Jacques Dupont, 1254. (Lacune de 372 ans.) Pierre Arson, 1626-28 ; Nicolas Cornuel, 1628-31 ; Claude Gouthière, 1631-32 ; Claude Dudoyen, 1632-33 ; Louis Boitolle, 1633-35 ; Pierre Arson, 1635-37 ; Nicolas Boitolle, 1637-39 ; Pierre Perrotte, 1639-41 ; Nicolas Lefebvre, 1641-43 ; Jean Collet, 1643-45 ; Pierre Arson, 1645-48 ; Pierre Roger, 1648-49 ; Louis Boitolle, 1649-51 ; François Gouthière, 1651-52 ; Oger Cauzon, 1652-54 ; Remy Boitolle, 1654-56 ; Pierre Dormoy, 1656-60 ; Pierre Deloix, 1660-61 ; Alain Verpillat, 1661-62 ; Nicolas Rondin, 1662-64 ; Michel Bourgogne, 1664-66 ; Claude Bailly, 1666-68 ; Etienne Charmois, 1668-70 ; Pierre-Henri Duchesne, 1670-72 ; Antoine Marcy, 1672-74 ; Nicolas Lefebvre, 1674-78 ; André Caudebecq, 1678-80; J.-B. Chifflet de Trigny, 1680-82; Pierre de Brienne (le Cte), 1682-85; Jean Chifflet de Surmont, 1685-88; François Collignon, 1688-90; François Moussu, 1690-92; Pierre-Henri Duchesne, 1692-93; Claude Chifflet de Neuville (maire perpétuel), 1693-1719; Claude Leseurre, 1719-20; J. B. Clément, 1720; Joachim Filleux, 1720; Joseph Leseurre, 1720-24; Joseph Didier, 1724-25; Mailly-Poiré, 1725-34; René Bourgongne, 1734-35; (de 1735 à 1738 *vacance:* Géhier et Trippier, premiers échevins); Alexandre Blanchard, 1738-43; J.-B. Paget, 1743-48; Debrienne, 1748-53; Collet, 1753-58; Ruotte, 1758-61; Hayez, 1761-64; Ganneau; 1764-67; Alexandre Blanchard, 1767-70; Edme Ruotte, 1770-73; Cl.-Jean Rivière, 1773-82; Louis-Marie Réteaux, 1782-85; De Brienne (le Ch^{er}), 1785-90; Ruotte, 1790; De Brienne (le Ch^{er}) 1790-91; Claude Chenot, 1791-93; Clausse, 1793; Machon, 1793-94; Legrand, 1794; Bourgeois-Jessaint, président de l'administration municipale, 1794-1802; Ruotte, 1802-08; Masson, 1808-15; Laperrière, 1815-30, Bertrand-Vouillemont, 1830-46; Memmie-Rose Maupas, 1846-48; Philbert, maire provisoire, 1848.

(y) Les comtes de Champagne, alliés à toutes les maisons princières de l'Europe, portaient, en qualité de pairs de France, la bannière au sacre de nos rois.

(z) Toutes les dîmes qui se percevaient sur le finage de Bar-sur-Aube étaient des dîmes ecclésiastiques, et elles appartenaient au chapitre de Saint-Maclou; dans l'origine, elles se payaient à la quinzième, puis, plus tard, à la seizième, c'est-à-dire que la seizième gerbe de blé, le seizième bouchon de chanvre, etc., appartenaient au chapitre. Une sentence du bailliage de Chaumont, du 29 décembre 1711, a réglé la forme de la perception de la dîme des vins au pressoir, à raison du seizième setier contenant neuf pintes de Bar-sur-Aube ou huit pintes de celui de Troyes, sans traîner le setier, en laissant un peu d'intervalle, et de manière néanmoins que le setier soit exactement plein.

(aa) L'année commençait à Noël.

(*bb*) *Etat des paroisses qui doivent fournir des charriots attelés de quatre chevaux, lors du passage des troupes à Bar-sur-Aube, pour conduire les équipages d'une étape à l'autre, et nombre de voitures qu'elles doivent fournir :*

Bar-sur-Aube,	20	charriots.	Fresnay,	14	charriots.
Dolancourt,	1	«	Engente,	2	«
Meurville,	9	«	Colombé-le-Sec,	5	«
Levigny,	15	«	Arsonval,	4	«
Neuilly,	24	«	Bergères,	3	«
Beurville,	16	«	Baroville,	2	«
Ailleville,	1	«	Thil,	24	«
Argançon,	2	«	Maisons,	8	«
Couvignon,	3	«	Colombé-la-Fosse	8	«
Vernonvilliers,	8	«	Jaucourt,	4	«
Arrentières,	8	«	Urville,	6	«
Lignol,	6	«	Bayel,	4	«
Montier-en-l'Isle,	4	«	Trémilly,	18	«
Spoix,	4	«	Thors,	5	«
Fontaine,	2	«	Voigny,	4	«

(*cc*) Les jeunes filles mariées en 1810 sont : Françoise Champion et Geneviève Dangin, avec J.-B. Jeanson et François Prévost ; en 1811, Catherine Mallard avec Joseph Frise.

(*dd*) *Députés de la ville de Bar-sur-Aube à Chaumont :* P.-N. Clausse de Surmont, prévôt ; Ch.-N. Sevestre, procureur du roi ; J.-Cl. Beugnot, avocat ; Joachim Girardon, échevin.

Députés du bailliage de Chaumont aux Etats-Généraux : Aubert, curé de Couvignon, et Monnel, curé de Valdelancourt, *députés du Clergé.* — Le comte Choiseul-Daillecourt, mestre de camp du régiment Dauphin-Dragons, et Desclaibes, comte de Clermont, seigneur d'Avranville, *députés de la Noblesse.* — J.-B. Morel, cultivateur à Vezaignes ; Pierre Mougeottes de Vignos, conseiller du roi, procureur au bailliage et siége présidial de Chaumont ; Laloy, docteur en médecine ; Noël-Claude Janny , avocat au Parlement , demourant à Brienne-le-Château , *députés du Tiers-Etat*, et Martin Gombert, cultivateur à Marcilles, suppléant.

Députés du district de Bar-sur-Aube à la Fédération (1790) : Guérin de Brulard, Ruotte aîné, Géhier, Perrin, Grammaire jeune, Mailly jeune, Royer, Thiéblemont père, Vouillemont, Bayol , Thiéblemont fils, Breton, Lefèvre, Fiot aîné, Reboul fils, Gaupillat, Lottin aîné, Noyon , De Beaufort, Montenot, Alipe fils, Janneson , Hénard , Ferry, Gobert fils, Paillot, Périsse, Thiébault, Mutinot, Lemerle, Labische, Causon, Louis, Mayenne, Bardet, Vitalis, Collet.

Députés à la Convention : Pierret, de 1792 à l'an IV. (Il vota la détention de Louis XVI.)

Députés aux Cinq-Cents : Rivière (Lambert) , an V; Moore, Sutil , an VI.

Députés aux Chambres : Beugnot (Cte), 1791-92 ; Charton , 1815; Vandeuvre, 1820-30 ; Pavée de Vendeuvre (B^{on}), 1830-37 ; Armand , 1837-48.

(*ee*) Si le temps eut été beau, la cérémonie devait avoir lieu sur la promenade du Jarre.

(*ff*) En 1809, il avait été nommé par Napoléon commandeur de la Légion d'Honneur.

FIN.

TABLE

DES MATIÈRES.

---

gers à Bar-sur-Aube. Le couvent des Ursulines est changé en prison ; il devient la proie des flammes. M. Trippier, par son courage, sauve la ville. Les églises, le collége, etc., sont convertis en ambulances. Malheureuse position du pays et des habitants. Une députation à l'Empereur. François II et le père Martin. Seconde invasion. Passage de Charles X et de Louis-Philippe à Bar-sur-Aube, etc.

www.ingramcontent.com/pod-product-compliance
Lightning Source LLC
Chambersburg PA
CBHW050142030726
47505CB00005B/1201